Lettisches Gambit

Hagen Tiemann

EDITION MÄDLER IM WALTER RAU VERLAG/DÜSSELDORF

Haftungsausschluß

Die Ratschläge in diesem Buch sind vom Autor sorgfältig erwogen und geprüft worden, eine Garantie für die Richtigkeit und Vollständigkeit der schachlichen Analysen kann dennoch nicht übernommen werden.
Eine Haftung des Autors bzw. des Verlages für Personen-, Sach- und Vermögens-schäden ist ausgeschlossen.

2. Auflage 1989

Umschlaggestaltung: Manfred Mädler, Düsseldorf.
Gesamtherstellung: Schach-Echo-Verlag
Printed in Germany
ISBN3-7919-0213-X

Zur 2. völlig überarbeiteten Auflage

Das Lettische Gambit hat auf der ganzen Welt seine Anhänger. Aus unserer Korrespondenz wissen wir, daß immer neue hinzukommen. Auch wenn das wilde Gambit für das Profischach und die Teilnehmer des Worldcups nicht unbedingt ratsam erscheint, so dürfte die Eröffnung für nahezu alle weiteren Leistungsklassen ein interessantes Experimentierfeld sein. Ganz besonders Fernschachfreunde haben sich ihr angenommen.

Das Lettische Gambit ist die Rückkehr in die Zeit der Schachromantik, und so etwas zu spielen macht Spaß.

Der Autor hat, nachdem die erste Auflage restlos vergriffen war, alle Neuerungen zusammengetragen und theoretisch wichtige Partien hinzugefügt. Jetzt sind die Leser gefordert, weitere Verbesserungen in den zum Teil chaotischen Abspielen zu finden.

Frühjahr 1989

Manfred Mädler

Hagen Tiemann lebt in Templin/DDR und ist seit 1967 Internationaler Fernschachmeister. Inzwischen spielt er über dreißig Jahre in der höchsten Klasse des Fernschachs. Hier erzielte er beachtliche Erfolge, sodaß er mehrfach eine Berufung in die DDR-Olympiamannschaft erhielt.

Tiemann trat in vielen Korrespondenzpartien, aber auch im Nachschach, wo er in der Oberliga spielt, den Beweis an, daß sich „Lettisch" gut spielen läßt und beiden Lagern Chancen einräumt. Bis zur DDR-Meisterschaft erkämpfte er sich damit auch im Blitzschach manchen Sieg.

Beruflich ist der 1934 in Hamburg geborene Meister Diplom-Ingenieur.

Lettisches Gambit

Das Lettische Gambit ist eine alte Eröffnung. Schon im Göttinger Manuskript von 1490 und Lucena 1497 fand es Erwähnung. Ausführlicher hat es Greco 1659 als „Grecos Gegengambit“ behandelt.

Im vorigen Jahrhundert bemühten sich der russische Meister Jänisch sowie die dänischen Theoretiker Henric Möller und S. A. Sörensen, die übrigens auch sehr stark spielten, dem etwas umstrittenen Gambit neue Impulse zu geben. Ihren Namen jedoch verdankt die Spielweise dem lettischen Meister Karl Behting (1867-1942) aus Riga, der sie in vielen Turnierpartien anwandte, Erfolge verzeichnete und wieder rehabilitierte. Besondere Bedeutung kommt dabei dem Korrespondenzschach-Wettkampf zwischen Riga und Stockholm, 1934-1936, zu. Schwarz gewann damals nämlich dreimal und hielt zwei weitere Spiele remis.

Trotz verschiedener Erfolge mit dem Lettischen Gambit sieht man es in der Großmeisterpraxis selten.

Eine neue Ära mit unserem Gambit wurde 1968 durch ein Fernschach-Thematurnier zu Ehren des 100. Geburtstags von Karl Behting eingeleitet. Bekannte internationale Spieler und Theoretiker verhalfen dem Lettischen Gambit zu einer völlig neuen Entwicklung, die allerdings bis heute in der „offiziellen Theorie“ ohne Beachtung blieb.

Der Verfasser behandelt im vorliegenden Buch den aktuellen Stand der Theorie des Lettischen Gambits.

März 1989 Hagen Tiemann

Inhaltsverzeichnis

Erster Teil: Hauptsystem: 1. e4 e5 2. Sf3 f5 3. Sxe5

Erstes Kapitel: 3. — Df6

Zweites Kapitel: 3. — Sc6

Drittes Kapitel: Seltene Erwiderungen auf 3. Sxe5

Zweiter Teil: Klassisches System 1. e4 e5 2. Sf3 f5 3. Lc4

Erstes Kapitel: 3. — fxe4 4. Sxe5

Zweites Kapitel: 3. — b5

Drittes Kapitel: Seltene Entgegnungen auf 3. Lc4

Dritter Teil: Andere Fortsetzungen im dritten weißen Zug

Erstes Kapitel: 1. e4 e5 2. Sf3 f5 3. exf5

Zweites Kapitel: Weniger gebräuchliche Fortsetzungen des Anziehenden im 3. Zug

Partienteil

Erster Teil: Hauptsystem

Die Ausgangstellung dieses Systems ist nach den Zügen 1. e4 e5 2. Sf3 f5 3. Sxe5

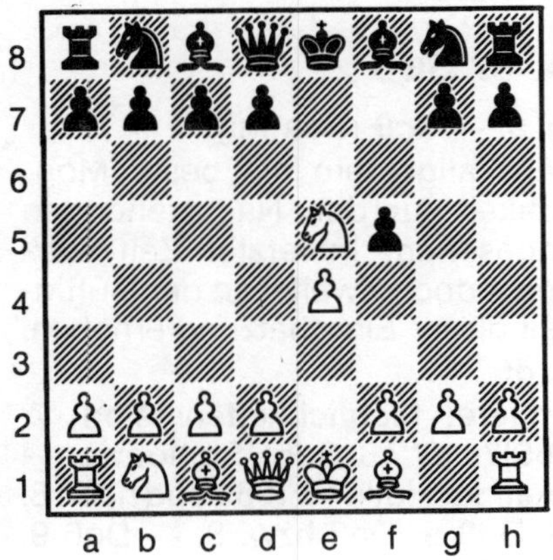

erreicht. Das Schlagen des Zentralbauern gilt als sicherste und beste Möglichkeit, dem schwarzen Offensivdrang zu begegnen. Wegen des positionellen Charakters und der daraus resultierenden übersichtlichen Stellungen wird dieser Weg auch in der Praxis am häufigsten gewählt. Aus diesem Grunde steht das „Hauptsystem" am Anfang meiner Untersuchungen. Der Nachziehende hat jetzt folgende Möglichkeiten:

3. — Df6	Erstes Kapitel
3. — Sc6	Zweites Kapitel
3. — Sf6 u.a.	Drittes Kapitel

Erstes Kapitel
1. e4 e5 2. Sf3 f5 3. Sxe5 Df6

1. e4 e5 2. Sf3 f5 3. Sxe5 Df6

Als Antworten auf diesen Zug stehen dem Weißen die solide Fortsetzung 4. d4, die sich in letzter Zeit steigender Beliebtheit erfreut, sowie Leonhardts Zug 4. Sc4, dem die Theorie den Vorzug gibt, zur Verfügung.

4. d4 d6

Nicht ausreichend ist der Versuch 4. — fxe4 nach 5. Lc4 Se7 6. Lf7-†! Kd8 7. Lb3 d5 8. Lg5! Tiemann gegen Fiorito, Fernpartie 1979. Interessant ist auch 6. Sc3!? d6 7. Sxe4 Dh4 8. Df3! dxe5 9. Lf7† Kd8 10. dxe5 Lf5 11. Lf4! Groiss — Fiorito, Fernpartie 1979. Der Anziehende sollte volle Kompensation für die geopferte Figur erhalten. Die Alternative 6. Sf7 d5 7. Sxh8 dxc4 8. Dh5† g6 9. Dxh7 Lg7 10. Sxg6 Dxg6 11. Dxg6 Sxg6 gibt eher dem Schwarzen chancenreiches Spiel. Am besten für Weiß scheint aber 5. Sc3 d6 6. Sd5! Df7 7. g4 mit Gewinn zu sein.

5. Sc4

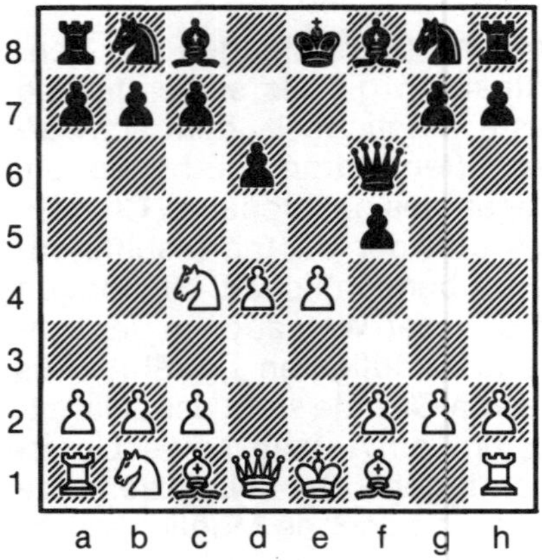

Möglich, wenn auch ungebräuchlich, ist 5. Sf3 fxe4 6. Sg5 (6. De2 d5 7. c4 c6 8. Sc3 Se7 kann nicht empfohlen werden) 6. — d5 7. c4 (Harmlos ist 7. g3 h6 8. Sh3 Le6 9. Sf4 Lf7 10. Le2 Sc6 11. c3 Ld6 12. 0-0 g5 13. Sh3 0-0-0 bzw. 8. — Sc6 9. c3 Ld6 10. Dh5† Df7 11. Dxf7† Kxf7 12. Sf4 Sf6 und Schwarz kann in beiden Fällen zufrieden sein) 7. — h6 8. Sh3 Lb4†! (8. — Lxh3 9. Dh5† nebst 10. Dxh3 gibt dem Weißen Vorteil — Gunderam —) 9. Sc3 Lxc3† 10. bxc3 Se7 11. cxd5 0-0 12. Dc2 Lxh3 13. gxh3 Sxd5 14. Lc4 c6 und Schwarz hat bequemes Spiel.

5. — fxe4

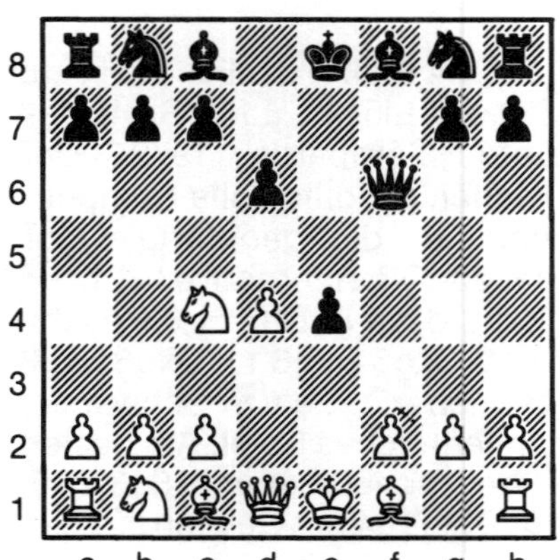

Gebräuchliche Antworten an dieser Stelle sind:

A 6. Se3
B 6. Sc3
C 6. Le2

A 6. Se3

a) 6. — Sc6 (Behting)

Wird allgemein als beste Möglichkeit für den Nachziehenden angesehen. In letzter Zeit wurden jedoch Zweifel an der Gültigkeit dieser Einschätzung erhoben.

7. d5

Andere Möglichkeiten sind 7. Lb5!? Ld7? 8. Sd5!, Stehouwer — Welling, Holland 1983 und nach 8. — Dd8 9. De2 bzw. 8. — Dg6 9. Sxc7† Kd8 10. Sxa8 hat Weiß klaren Vorteil. Schwarz muß daher 7. — a6 versuchen, z.B. 8. Lxc6† bxc6 9. c4 Dg6 10. Sc3 Sf6 11. 0-0 Le7 12. Dc2 0-0 13. f3 Te8 14. fxe4 Lf8 mit unklarer Stellung oder 7. Sd5 Df7 8. c4! Le6 9. Sbc3 = bzw. 8. — Lf5 9. Sbc3 0-0-0 10. Le2 Sf6 11. 0-0 mit minimalem Vorteil für Weiß.

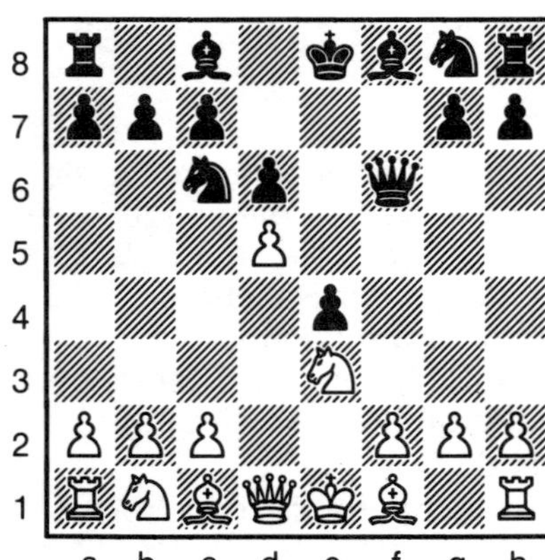

7. — Se5 8. Le2! (Keres)

8. Sc3 gibt nur dem Schwarzen

Chancen, z.B. 8. — Dg6 9. Dd4 Sf6 10. Sb5 Kd8 11. Ld2 (11. Sxa7? Ld7 12. Sb5 Lxb5 13. Lxb5 Dxg2! 14. Sxg2 Sf3† nebst 15. — Sxd4) 11. — a6 12. Sa3 Le7 13. 0-0 Ke8 nebst Kf7 und b5 mit erfolgversprechendem Gegenspiel.

8. — Df7

Das erstrebenswerte 8. — Dg6 ist jetzt wegen 9. Lh5 nicht möglich.

9. Sd2 Sf6 10. c4 Le7 11. 0-0 0-0 12. f3! exf3

Das bisher empfohlene 12. — Dg6 scheitert an 13. fxe4 Sxe4 14. Txf8† Kxf8 15. Lh5!.

13. Sxf3 Dh5!?

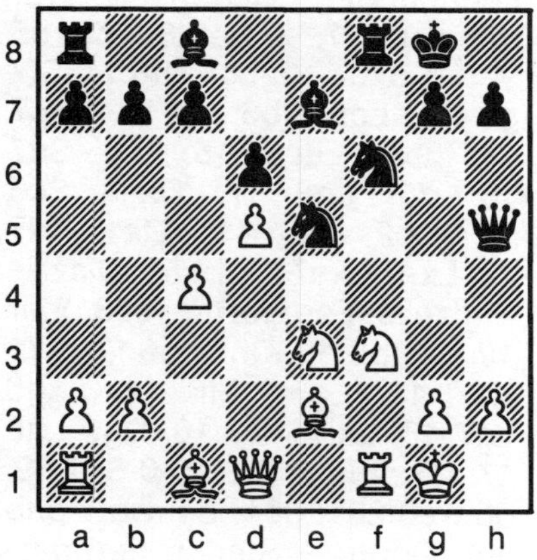

13. — Sxf3† 14. Txf3 beläßt dem Weißen gute Chancen wegen der Möglichkeiten Ld3 und Tg3.

14. h3 Sxf3† 15. Txf3 De5 nebst Ld7 oder 15. Lxf3 Dg6 16. Kh1 Ld7

oder

14. Sd4 Seg4 15. Sxg4 (15. h3 Sxe3!) 15. — Lxg4

oder

14. Sxe5 Dxe5 15. Ld3 Ld7 16. Te1 Dh5 usw. und Schwarz hat in allen Varianten annähernd Ausgleich.

b) 6. — c6!? 7. Lc4

7. c4 Dg6 8. Sc3 Sf6 9. Le2 Le7 10. 0-0 0-0 11. f3 Sbd7 usw. ergibt nur Ausgleich.

7. — Dg6

Der Versuch 7. — d5? scheiterte in der Partie Nimzowitsch — Behting, Riga 1919: 8. Lb3 Le6 9. c4 Df7 10. De2 Sf6 11. 0-0 Lb4 12. Ld2 Lxd2 13. Sxd2 0-0 14. f4 ±.

8. 0-0 Sf6 9. f3!

9. d5 c5! nebst Sbd7.

9. — exf3 10. Dxf3 Le7 11. Sc3 d5!?

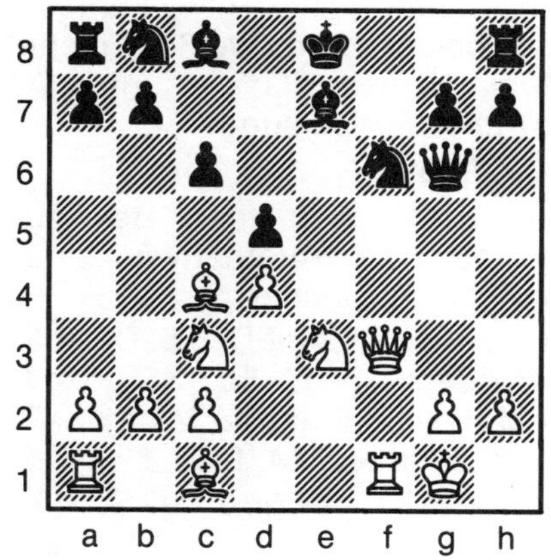

12. Ld3 Df7 13. Lf5

Auch 13. Sf5 Lxf5 14. Lxf5 0-0 15. Ld2 Sa6 16. Tae1 Sc7 ergibt nichts besonderes.

13. — Sbd7 14. Ld2 0-0 15. Tae1 Ld6

oder

12. Lb3 0-0 13. Se2! Ld6 14. c4 dxc4 15. Lxc4† Kh8 usw..

Schwarz steht in beiden Fällen etwas gedrückt, sollte sich aber verteidigen können.

B 6. Sc3

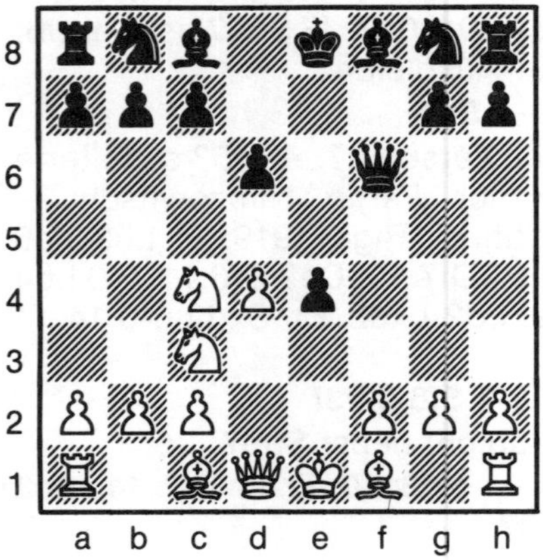

Dieser natürliche Entwicklungszug beläßt dem Weißen mehr Möglichkeiten als die unter A erörterte Fortsetzung.

6. — Dg6!

Der beste Weg, den Be4 zu decken. Die Alternativen sind deutlich schwächer:

1) 6. — c6 7. Sxe4 De6 8. De2 d5 9. Sed6† Kd7 10. Sf7 dxc4 11. Dxe6† Kxe6 12. Lxc4† Ke7 13. Sxh8 Le6 14. Ld3 ±.

2) 6. — Lf5 7. g4 Lg6 8. Lg2 Sc6 (8. — c6? 9. Lxe4 Lxe4 10. Sxe4 De6 11. De2 d5 12. Sf6†! Kf7 13. Se5† Kxf6 14. Lg5†! Kxg5 15. Df3! +—) 9. Le3 De7 10. d5 ± bzw. 8. — Se7 9. d5 ±. Dagegen kann Schwarz nach 7. Sd5 Df7 8. Sce3 Le6! 9. Lc4 c6! gerade noch ausgleichen.

3) 6. — Se7 7. d5! Dg6 8. h3 h5 9. Lf4! a6! 10. Dd4 Lf5 11. a4 Sd7 12. 0-0-0 Sf6 13. Lxd6! ±, Mayet — Hanstein, Berlin 1838.

4) 6. — De7 7. De2 Sf6 8. Lg5 und Be4 wird schwach.

5) 6. — Df7!? 7. Sxe4! (Viel stärker als das bisher übliche 7. Se3 Sf6 8. Lc4 Le6 9. d5 Lc8 10. 0-0 Le7 11. f3 exf3 12. Dxf3 0-0 nebst Sbd7-e5 und ausreichendenden Gegenspiel für Schwarz.) 7. — De6 8. Ld3! d5 9. Se5 dxe4 10. Lc4 Df6 11. Sf7 g6 12. Lg5 Db6 13. De2 Se7 14. Sxh8 Le6 15. 0-0 Sd7 16. d5! Lg8 17. Dxe4 Sc5 18. De2 Dd6 19. Tfe1 Kd7 20. Lxe7 Lxe7 21. Lb5†, Diaz — Endzelis, Fernpartie 1983 oder 10. — Db6 11. Dh5† g6 12. Lf7† Ke7 13. Lg5† Sf6 14. Lxg6 Lg7 15. Lxh7 Tf8 16. Dg6 Lh8 17. Dxe4 Le6 18. 0-0-0 Sd7 19. d5 Ke8 20. Lg6†, Schwarz gab auf, Dorer — Stader, Fernpartie 1982.

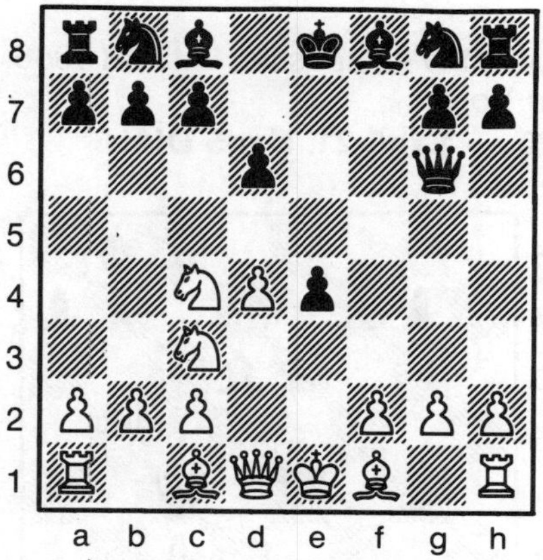

Nach 6. — Dg6! steht dem Anziehenden eine ganze Palette von Möglichkeiten zur Verfügung, von denen 7. Lf4 und 7. f3 die gebräuchlichsten sind:

a) 7. d5 Sf6 8. Le3 Le7 9. Dd4 0-0 10. Sd2 c5! 11. dxc6 Sxc6 12. Dc4† Kh8 13. 0-0-0 Lg4 14. f3 d5! 15. Sxd5 Sxd5 16. Dxd5 exf3 17. gxf3, und nach 17. — Sb4 18. Db3 Tac8 oder auch 17. — Dxc2† hätte der Nachziehende in Spielmann — Nimzowitsch, Semmering 1926, ausgezeichnete Gewinnchancen gehabt.

b) 7. h3 Sf6 8. g4 Le7 9. Lg2 0-0 10. Le3 c6 11. d5 b5 12. Sa5 b4 13. Se2 c5 14. Dd2 De8 mit Ausgleich, Rauser-Iljin — Gewenski, Leningrad 1936.

c) 7. Sd5 Df7 8. Sde3 (Sf4 Sf6 9. Le2 Le7 10. 0-0 h5 11. d5 g5 12. Se6 Lxe6 13. dxe6 Dg6 14. f3 Sc6 mit gutem Spiel für Schwarz) 8. — Sf6 9. Le2 Le7 10. 0-0 0-0 11. f3 exf3 12. Lxf3 c6 13. De1 Le6 14. Le2 Sbd7 15. Dg3 d5 16. Se5 De8, und Schwarz sollte ausgleichen.

d) **7. Se3 Sf6**

7. — Le7 führt nach 8. Le2 Sf6 9. 0-0 c6 10. f3 exf3 bzw. 8. Sed5 Ld8 9. Sf4 Df5 10. g3 g5 11. Dh5† Kf8 bzw. 8. f3 Lh4† usw. zu unklaren Stellungen.

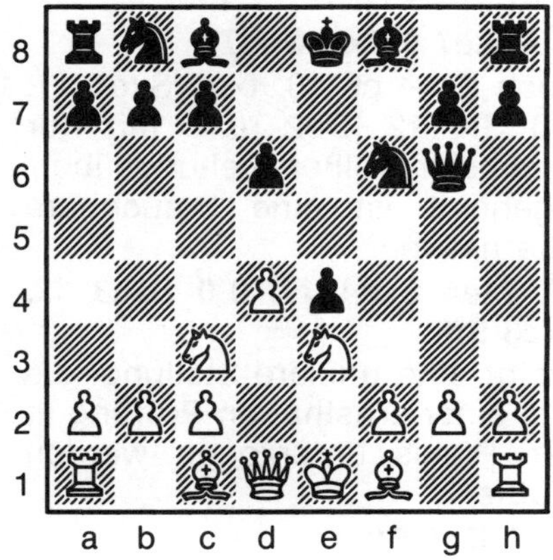

8. f3

Die Alternativen sind nicht erfolgversprechend:

1) 8. Sed5 Sxd5 9. Sxd5 Df7 10. Lc4 c6 11. Se3 (In Gabrans — Purins, Fernpartie 1976, führte auch 11. Sb6 d5 12. Sxa8 dxc4 13. De2 Ld6 14. Dxe4† Le6 15. Le3 0-0 16. 0-0-0 Ld5 zu besserem Spiel für Schwarz.) 11. — d5 12. Lb3 Le6 13. 0-0 Sd7 (13. — Ld6? 14. f4! Dd7? 15. c4 ±, Steiner — Apschenek, La Haya 1928) 14. f4 exf3 15. Txf3 Sf6 16. De2 0-0-0 mit leichtem Vorteil für Schwarz, Venescao — Kampers, Fernpartie 1968.

2) 8. Lc4 c6 9. d5 Le7 10. a4 Sbd7 11. a5 Se5 12. Le2 0-0 13. 0-0 Ld7, Fischer — Pupols, USA 1955, ebenfalls mit schwarzem Vorteil.

3) 8. Le2 c6 9. 0-0 (9. f3 exf3 10. Lxf3 d5 11. De2! Kd8! ∞) 9. — Le7 (9. — d5 10. f3 exf3 11. Ld3! ±, Marić — Smit, Straß-

burg 1973) 10. f3 exf3 mit Ausgleich, aber nicht 10. — 0-0? 11. fxe4 Sxe4 12. Txf8† Lxf8 13. Sxe4 Dxe4 14. Ld3 ±.

8. — Le7 9. Lc4 Sbd7

Auch 9. — c6 10. fxe4 Sxe4 11. 0-0 Sf6 12. De2 usw. mit nur minimaler weißer Stellungsüberlegenheit ist eine brauchbare Alternative.

10. fxe4 Sxe4 11. 0-0 Sxc3 12. bxc3 Sf6

ergibt eine unklare Stellung, die erst einer ernsthaften Prüfung in der Praxis unterzogen werden müßte.

e) **7. De2 Sf6**

Während nach 7. — Sc6 8. Le3 Le7 9. 0-0-0 Sf6 10. d5! Sb4 11. Sa5! Weiß besser steht, ist 7. — Se7!?, eine Empfehlung von Budovskis, durchaus erprobenswert.

8. f3

Daneben hat der Anziehende noch zwei scharfe Alternativen: 8. Lf4 Le7 9. 0-0-0 Dg4!? 10. Dd2 0-0 11. h3 Df5 12. Le3 d5 13. Se5 Lb4 mit unklarer Position oder 8. d5 Le7 9. Sd2 0-0 10. Sdxe4 Sxe4 11. Sxe4 c6 12. Dc4 Df5 13. Dd4 cxd5 14. Sg3 Df7 15. Le3 Sc6 16. Dd2 d4! mit gutem Spiel für Schwarz, Trull — Dreibergs, Fernpartie 1953.

8. — Sc6 9. Le3 Le7 10. 0-0-0 0-0 11. d5 Sb4 12. a3 a5!?

Solider ist 12. — Sa6 mit beiderseitigen Chancen.

13. axb4 axb4 14. Sb1 Ta1 15. Scd2 exf3 16. gxf3 Sxd5 17. Se4 Sxe3 18. Dxe3 Le6 19. Tg1 Df7 20. Sg5!

20. Sd2? Lf6 21. Ld3 Ta2 brachte den Nachziehenden in der Partie Muratov — Spasski, UdSSR 1966, in Vorteil.

20. — Lxg5 21. Dxg5 Df4†!

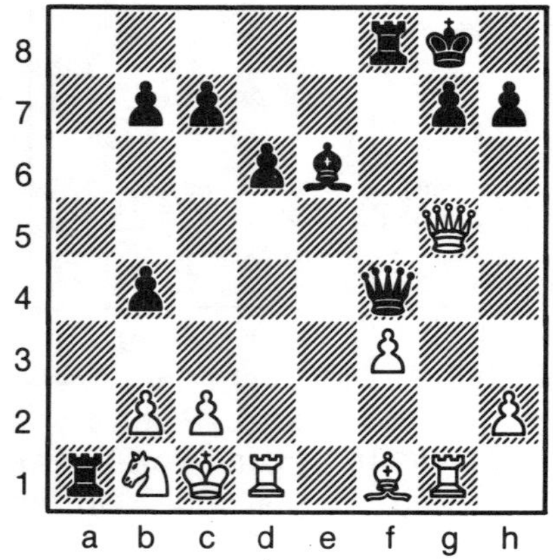

Zu weißem Vorteil führte 21. — Kh8? 22. Ld3 Ta5 23. Dh4 g6 24. Tg5 Txg5 25. Dxg5 c5 26. Le4, Hempel — Gunderam, Fernpartie 1970, bzw. 21. — La2 22. Kd2! Txb1 23. Txb1 Lxb1 24. Lc4!

22. Dxf4 Txf4

mit unklarer Stellung.

f) **7. Lf4 Sf6**

Die Versuche 7. — c6 8. d5! bzw. 7. — Df7 8. Lg3 d5 9. Se5 nebst f3 bzw. 7. — Lg4 8. Le2 Lxe2 9. Dxe2 Dxg2 10. Sxe4! führen sämtlich zu weißem Vorteil.

8. Se3 Le7

Interessant, aber nicht ungefährlich ist 8. — Le6 9. d5 Lf7 10. h3! Le7 11. g4 0-0 12. Lg2 c6! 13. Dd2 Sa6 nebst Sc7 mit unklarem Spiel. Ein Irrlicht ist 13. Dd4 Sa6 14. dxc6 bxc6 15. Lxe4? Sxe4 16. Dxe4 Dxe4 17. Sxe4 Ld5! 18. Sxd5 cxd5 19. Lxd6 Tae8!, und eine Figur geht verloren.

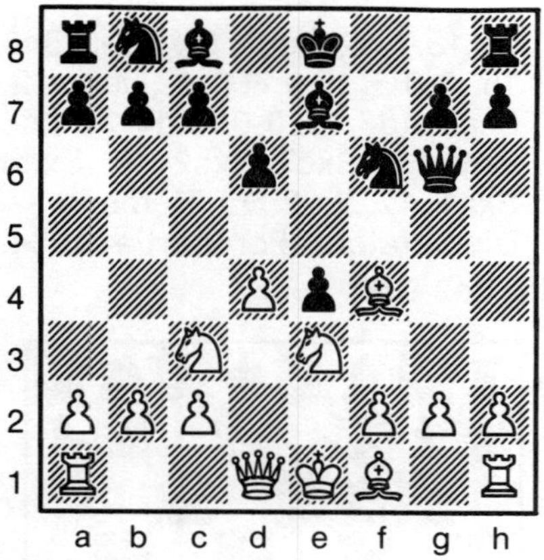

9. Dd2

Daneben sind noch zwei andere Versuche in der Praxis vorgekommen:

1) 9. Lc4 c6 10. d5! Sh5! (10. — b5!? ergab in Thomas — Tartakower, Spanien 1926, nach 11. Le2 b4 12. Sa4 Ld7 13. a3! bxa3 14. Txa3 0-0 15. Sb6! axb6 16. Txa8 Sxd5 17. Sxd5 cxd5 18. Lg3 klaren Vorteil für Weiß.) 11. Lg3 Sxg3 12. hxg3 Sd7 13. Dh5 Dxh5 14. Txh5 Sf6 mit Ausgleich.
2) 9. h3 c6 10. d5 Sh5! 11. Lh2 0-0 12. Dd2 Lh4 13. g3 Sxg3 14. Tg1! Sxf1 15. Sxf1 Df7 16. 0-0-0 Lxf2 17. Th1 cxd5 mit besserer Stellung für Schwarz, Dr. Grabner — Tiemann, Fernpartie 1978.

9. — c6 10. d5

Nach 10. Le2 d5 11. 0-0 0-0 12. f3 exf3 13. Lxf3 stand Weiß in Flohr — Vecsey, Prag 1930, etwas bequemer.

10. — 0-0 11. Lc4 Kh8 12. 0-0-0 b5 13. Lb3 b4 14. Se2 c5 15. h3 Sh5 16. Lh2 Txf2 17. g4 Lg5! 18. Tdf1 Txf1 19. Txf1 Sf6 20. Lxd6 Dh6 21. Lf4 Sbd7 22. Lxg5 Dxg5 mit unklarer Position, Fiorito — Tiemann, Fernpartie 1984. Wenig Erfolg hatte Weiß in der Fernpartie Polig — Maly, 1969, mit 11. Le2 Lg4 12. 0-0-0 Lxe2 13. Sxe2 c5 14. Sg3 Se8 15. Sc4? Txf4! ∓.

g) **7. f3 exf3**

7. — Sf6 ergibt nach 8. fxe4 Le7 9. e5! Sh5 10. Ld3! Lf5 11. Lxf5 Dxf5 12. Tf1 Dg6 13. De2 Sc6 14. exd6 cxd6 15. Le3 0-0-0 16. 0-0-0, Grivainis — Dravnieks, Fernpartie 1970, bzw. 10. — Dxg2 11. Dxh5† g6 12. Lxg6† Dxg6 13. Dxg6† hxg6 14. exd6 klaren Vorteil für Weiß.

8. Dxf3 Sc6

8. — Sf6 ist durchaus eine brauchbare Alternative, z. B. 9. Ld3 Dg4 10. De3† Le7 11. 0-0 Sc6 12. d5! Sb4 13. Tf4 Dd7 14. Sb6! axb6 15. Txb4 0-0 mit Ausgleich (Analyse Nimzowitsch). In Tiemann — Fiorito, Fernpartie 1984, hatte Weiß mit 9. Se3 Erfolg (siehe Partie Nr. 1).

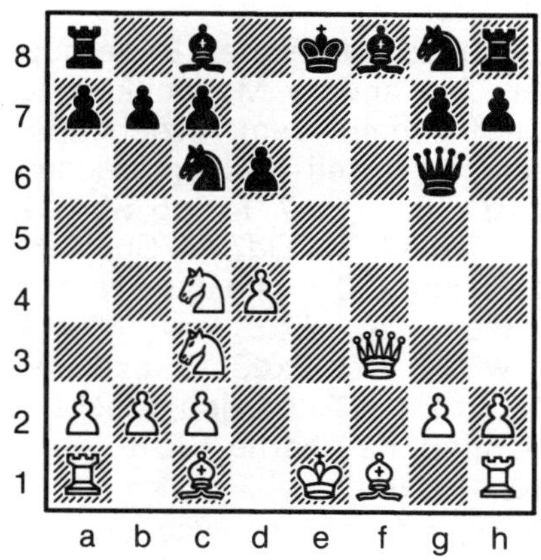

9. Ld3

Weniger gute Fortsetzungen sind:

1) 9. d5 Sb4 10. Se3 Sf6 11. a3 Sa6 12. b4 Le7 13. Ld3 Dh5 14. Dxh5 Sxh5 15. 0-0 Lf6 16. Ld2

Ld4 17. Tae1 Sf6 18. Sb5 Lb6 19. a4 0-0 20. a5 Lxe3† 21. Txe3 Ld7 22. c4 Sg4 23. Te7 Se5! mit Ausgleich, Fernpartie Stockholm — Riga, 1934-36.

2) 9. Sb5 Lg4 10. De3† Kd7 11. Ld3 Df7! 12. Tf1 Sf6 13. Df4 Te8† 14. Le3 Le6 15. Se5†? dxe5 16. dxe5 Sd5!, Macht — Betins, Fernpartie 1934, bzw. 15. b3! De7 usw. in beiden Fällen mit schwarzem Vorteil.

3) 9. Le2 Sxd4 10. De3† Se6 11. Ld2 Sf6 12. 0-0-0 Le7 13. h3 0-0 14. Ld3 De8 15. g4 Tf7 16. Tde1 Sc5 17. Thf1 Sxd3† 18. cxd3 Lf8! mit klarem Vorteil für Schwarz, Fernpartie Stockholm — Riga, 1934-36.

9. — Dg4

Wesentlich schwächer ist 9. — De6†, z. B. 10. Le3 Sxd4 11. Df4 Sc6 12. 0-0 Le7 13. Tae1 Sf6 14. Ld4 gewinnt einen Bauern, und der schwarze König wird in der Mitte festgehalten.

10. Df2!

Ein aussichtsreiches Bauernopfer. Die andere Möglichkeit 10. De3† scheint dem Anziehenden keinen Vorteil zu versprechen, z. B. 10. — Le7 11. d5 Sb4 12. 0-0 Sf6 13. Tf4 Dd7 14. Sb6 axb6 15. Txb4 0-0 = (Analyse Nimzowitsch) 16. Ld2 += (Keres) bzw. 14. Df3 Sxd3 15. cxd3 0-0 16. Ld2 mit Ausgleich, Macht — Behting, Fernpartie 1934.

10. — Dxd4!

Alles andere ist schwächer:

1) 10. — Sxd4 11. 0-0 nebst 12. h3 ±

2) 10. — Sf6 11. 0-0 Le7 12. h3 ±

3) 10. — Le7 11. Sd5 Kd8 12. Lf4 g5 13. Ld2 De6† 14. Sce3 Sh6 15. 0-0 ± bzw. 11. — De6† 12. Sce3 Kd8 13. 0-0 Sxd4 14. Lc4 Dg6 15. Sxc7 Sxc2 16. Sxa8 Sxa1 17. Ld2 ±, Tiemann — Diepstraten, Fernpartie 1984.

11. Le3 Df6

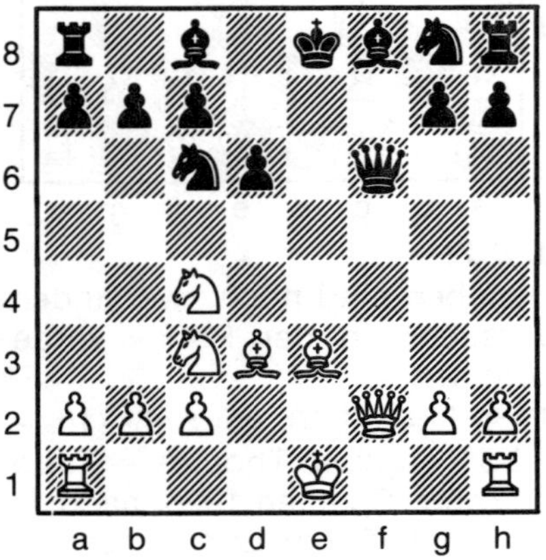

Weiß hat nun zwei chancenreiche Fortsetzungen:

A) 12. De2

Optisch steht Weiß deutlich überlegen, doch ist — wie so oft — der Nachweis schwer zu erbringen.

12. — Le6 13. 0-0-0

13. Se4 ergab in der Fernpartie Grivainis — Hempel nach 13. — De7 14. Lg5 Sf6 15. 0-0 Lxc4! 16. Lxc4 Dxe4 17. Dxe4 Sxe4 18. Tae1 Se5 19. Txe4 Kd7! Ausgleich. Mit 13. Tf1 De7 14. 0-0-0 0-0-0 15. Le4? Sf6 16. Ld5 Sxd5 17. Sxd5 Lxd5 18. Txd5 De4! zog Weiß in Tiemann — Criel, Fernpartie 1978, den kürzeren.

13. — 0-0-0 14. Se4 De7 15. Sg5 Ld7!

Aber nicht wie bisher angegeben 15. — Sf6 16. Sxe6 Dxe6 17. Thf1 Kb8?? 18. La7†!, und Schwarz gab auf in Niemand — Tiemann,

Fernpartie 1984.
16. Thf1 Sf6 17. h3 h6 18. Sf3 d5 19. Sa3 Se4 20. Lxe4 Dxe4 21. Sd2 De6 22. Dd3 Sb4 23. Db3 a5 mit guten Chancen für Schwarz, Niemand — Tiemann, Fernpartie 1985.

2)

12. Dg3

Eine neue Fortsetzung, die es dem Nachziehenden recht schwer macht.

12. — Df7

Nach 12. — Le6 analog zur Variante mit 12. De2 scheint der weiße Angriff nicht mehr aufzuhalten zu sein (siehe Partie Nr. 2).

13. Se4

In der 1986 gespielten Fernpartie Mayr — Tiemann folgte 13. Tf1 Sf6 14. 0-0-0 Le6 15. Sd2 0-0-0 16. Sb3 Dh5 17. Lb5 Se4 18. Sxe4 Dxb5 19. Sg5 Lc4 20. Dh3† Kb8 21. Tf5! Da6 mit Chancen für beide Seiten.

13. — Le7 14. Lg5!

Weniger überzeugend ist 14. Tf1 Sf6 15. 0-0-0 Ld7 16. Sg5 Dg8 17. Tde1 b5!? mit unklarer Stellung in Tiemann — Criel, Fernpartie 1985.

14. — Sf6

Nach 14. — Lxg5 15. Sxg5 De7† 16. Kd2! ist Weiß im Vorteil.

15. 0-0 Ld7

Andere Fortsetzungen scheinen dem Nachziehenden keinen Ausgleich zu geben:

a) 15. — Sxe4?! 16. Lxe4 Dxc4 17. Lxc6† bxc6 18. Tae1 Le6 19. Txe6 Dxe6 20. Te1 ±

b) 15. — Le6 16. Lxf6 gxf6 (Lxf6 17. Sexd6† ±) 17. Txf6! Lxf6 18. Sexd6† cxd6 19. Sxd6† Ke7 20. Sxf7 Kxf7 21. Tf1 bzw. 17. — Dg8 18. Sexd6†! cxd6 19. Sxd6† Lxd6 20. Dxd6 mit weißem Vorteil in beiden Fällen.

16. Lxf6 gxf6

16. — Lxf6 17. Sexd6† ±.

17. Df2

17. Txf6 Lxf6? 18. Sexd6† ± oder 17. — Dg8!, und der Nachziehende erhält gute Chancen.

17. — 0-0-0 18. Sxf6

Und der weiße Vorteil ist nur minimal.

C) 6. Le2

Sehr unangenehm für den Nachziehenden! Das Feld g6 ist der Dame wegen der Möglichkeit Lh5 genommen, so daß zur Vollendung der Entwicklung ein weniger nützlicher Zug mit ihr ausgeführt werden muß. Dazu stehen die Felder d8 und f7 zur Verfügung.

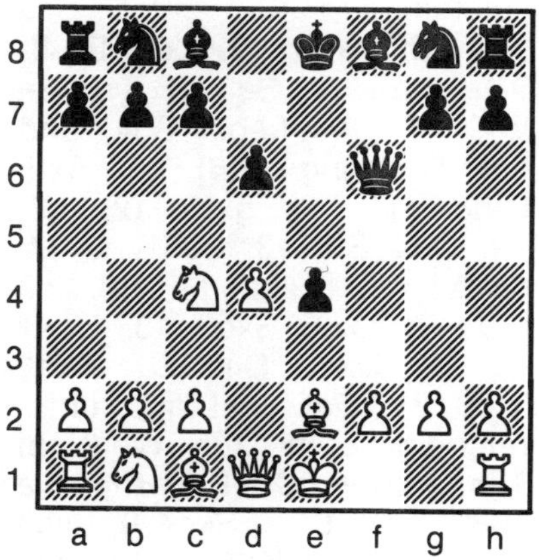

Schwarz besitzt nun folgende Möglichkeiten:

1) 6. — d5? 7. Se3 c6 8. c4 (8. 0-0 ist noch stärker) 8. — Lb4†

9. Ld2 Lxd2† 10. Dxd2 Se7 11. 0-0 0-0 12. f3! mit weißem Vorteil, Criel — Tiemann, Fernpartie 1978.

2) 6. — h5?! 7. Lxh5† g6 8. Lg4, und Schwarz scheint ohne Kompensation für den Minusbauern zu bleiben.

3) 6. — Se7 7. 0-0 Sc6 8. d5 Sd4 9. Sc3 Lf5 10. Se3 Sxe2† 11. Dxe2 0-0-0 12. Sxf5 Dxf5 13. Td1 Te8 14. Dc4 Kb8 15. Sb5 Dd7 16. Le3 Sc8 17. a4 mit gutem Spiel für Weiß in Diepstraten — Borrmann, Fernpartie 1985, oder 7. d5 Lf5 8. Se3 Sd7 9. g4 Lg6 10. h4 h6 11. Th3 0-0-0 12. g5 Df7 13. h5 Lf5 14. g6 Df6 15. Sg4 Lxg4 16. Lxg4 Kb8 17. Lxd7 Txd7 18. Sc3 Sf5 19. Dg4 Te7 20. Lf4 Sd4 21. 0-0-0, und Weiß hatte das angenehmere Spiel in Fiorito — Littleboy, Fernpartie 1985.

4) 6. — Sc6!? 7. d5 Se5 8. Se3! (Auch 8. 0-0 ist für Weiß gut spielbar, z. B. 8. — h5 9. Sc3 [9. Lxh5† g6 10. Le2 Dh4!] 9. — Lf5 10. Se3 g6 [10. — Lg6 11. Sb5 nebst Sd4, und der Drohung Se6] 11. Sxf5 Dxf5 [11. — gxf3 12. f3!] 12. Dd4 Sf6 13. Lb5† c6 14. dxc6 bxc6 15. La4 Le7 16. Le3 0-0 17. Lxc6 Sxc6 18. Dc4† d5 19. Dxc6 De5 20. Tad1 Tfc8 21. Da6! mit aussichtsreichem Spiel für Weiß in Tiemann — Criel, Fernpartie 1980, bzw. 8. — Sxc4 9. Lxc4 Dg6 10. Lb5† Kd8 11. Lf4 h5? 12. f3 Lf5 13. Sc3 exf3 14. Dxf3 Lxc2? 15. Lg5† mit großem Vorteil für Weiß in Bronstein — Mikenas, 1941.) 8. — De7 (Schlechter ist 8. — Df7 9. Sc3 Sf6? 10. Dd4! Dg6 11. Sb5 ±, Raymaeckers — Criel, Fernpartie 1976.) 9. c4 (Auch 9. Sc3 ist gut spielbar, z. B. 9. — Sf6 10. Dd4 Sf7 11. 0-0 g6 12. Da4† Kd8 13. Ld2 Lh6 14. Tae1 Ld7 15. Db4 b6 16. Lb5 Lxb5 17. Sxb5 Lxe3 18. Lxe3 Sxd5 19. Da4 c5 20. Ld2 Te8 21. c4 Sf6 22. Lf4 Kc8 23. Td1!, aber nicht 23. Sxd6 Sxd6 24. Dc6† mit Remis in Tiemann — Fiorito, Fernpartie 1982.) 9. — Sf6 10. Sc3 g6 11. h4 h5 12. Dd4 Lf5 13. Sxf5 gxf5 14. Lg5 c5 15. dxc6 bxc6 16. 0-0-0 Th7 17. Dd2! mit guten Chancen für Weiß in Tiemann — Fiorito, Fernpartie 1979.

5) 6. — Df7 7. 0-0 Sf6 8. Lg5 Le7 (8. — Lf5 9. Se3 Lg6 10. Lc4 Dd7 11. Lxf6 gxf6 12. f3 mit Vorteil für Weiß. Dagegen konnte Schwarz in Tiemann — Criel, Fernpartie 1980, nach 11. Sc3 c6 12. d5 Le7 13. f3 Sxd5 14. Sexd5 Lxg5 15. fxe4 cxd5 16. Lb5 Sc6 17. exd5 0-0-0 18. dxc6 bxc6 19. Df3 Thf8 ausgleichen.) 9. Sc3 Lf5 (9. — Sc6 10. d5 Sb4 11. Se3 c6 12. Lxf6 Lxf6 13. Sxe4 bzw. 12. — Dxf6 13. Sxe4 oder auch erst 13. a3 bzw. 9. — Sbd7 10. Se3 c6 11. f3 exf3 12. Txf3 0-0? 13. Lc4! oder 12. — d5 13. Sf5 0-0 14. Lh6! bzw. 13. — Sb6 14. Sxe7 Kxe7 15. Te3† Kf8 16. Lxf6 gxf6 17. Lh5, und in allen Fällen befindet sich Schwarz in aussichtsloser Lage.) 10. Se3 Lg6 11. Lc4 mit deutlichem weißen Stellungsübergewicht.

6) **6. — Dd8!** — Die mit Abstand

beste Fortsetzung für den Nachziehenden. Weiß hat jetzt folgende zwei Möglichkeiten:

6a) **7. 0-0**

Unerprobt ist 7. Lf4!?

7. — Le7!

Verhindert das sofortige Lg5 auf das bisher übliche 7. — Sf6. Es hat sich gezeigt, daß die Stellung nach 8. Lg5 Le7 9. Se3 c6 10. c4 0-0 11. Sc3 Sbd7 12. Dc2 (12. Sf5!?) 12. — Tfe8 13. Tad1 Da5 14. Lh4 Lf8 15. a3 g6 16. b4 Dc7 17. f3 exf3 18. Txf3 Lg7 19. Ld3 für den Nachziehenden recht schwierig zu spielen ist.

8. d5

Nach 8. f3 exf3 9. Txf3 (9. Lxf3 Sf6 10. Lh5† g6 11. Lg5 0-0 mit unklarer Position) 9. — Sf6 10. Tg3 0-0 11. Sc3 c6 12. Lh6 Tf7 13. Dd3 Sbd7 14. Taf1 Sf8 15. d5 (15. a4!?) 15. — Sg6 16. Lg5 b5 17. Se3 Se5 18. Dd2 b4 19. Lxf6 Lxf6 20. Se4 c5 21. Sf5 Lxf5 22. Txf5 Sg6 erhielt der Nachziehende in Littleboy — Tiemann, Fernpartie 1985, gutes Gegenspiel.

8. — Lf5 9. Se3 Lg6

10. c4 Sf6 11. Sc3 0-0 12. f3 exf3 13. Txf3 Sbd7

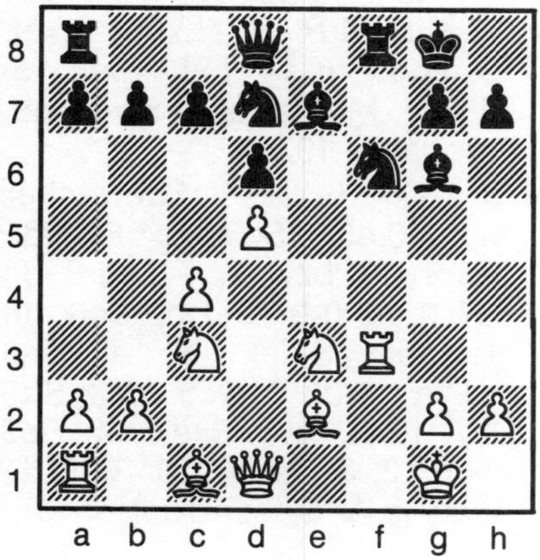

Schwarz hat ausgeglichen. Zu beachten ist jedoch 8. Se3, um 8. — Lf5 auszuschalten.

6b) **7. d5!?**

Der Anziehende startet einen sehr scharfen Angriff, wie die Folge zeigen wird.

7. — Sf6 8. Se3 g6 9. c4 Lg7 10. Sc3 0-0 11. g4 De7 12. h4 Sa6!

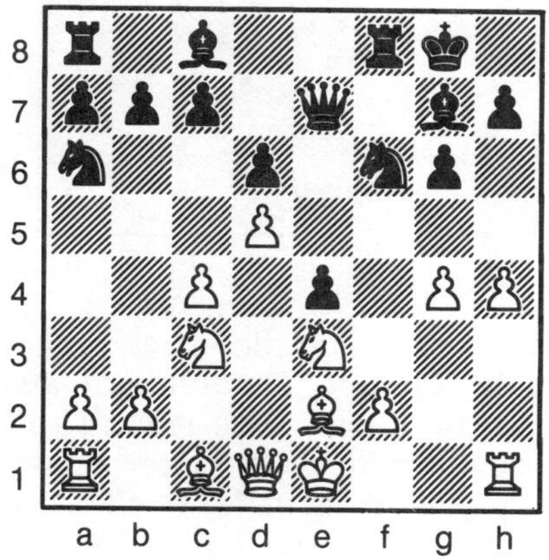

Etwas zu scharf reagierte der Schwarze in Fiorito — Tiemann, Fernpartie 1985, mit 12. — h6 13. Sg2 Df7 14. Le3 g5!? 15. f4 exf3 16. Lxf3 h5 17. gxh5 g4 18. h6 gxf3 19. hxg7 Dxg7 20. Sf4 Sg4 21. Dxf3 De5 22. Se4 Sxe3 23. Tg1† Sg4 24. Txg4! Lxg4 25. Dxg4† Kf7 26. Sg6 Dxb2 mit einer unklaren Stellung, die aber wohl dem Weißen doch die besseren Chancen einräumt.

13. g5 Sh5

14. Sg2 Sc5 15. Le3 Df7 16. Dd2 Sd3† 17. Lxd3 exd3 18. 0-0-0 Lg4 19. Tdg1 Lxc3 20. Dxc3 Le2 21. b3 b5 mit guten Aussichten für den Nachziehenden in Fiorito — Borrmann, Fernpartie 1985.

II 1. e4 e5 2. Sf3 f5 3. Sxe5 Df6 4. Sc4

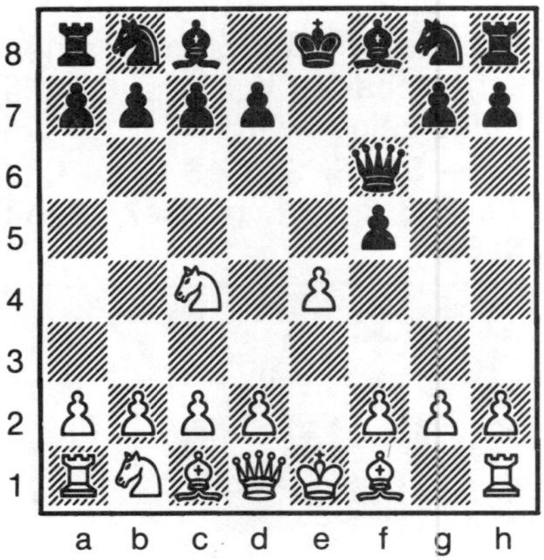

Leonhardts Zug, der auch heute noch von den Theoretikern als die positionelle Widerlegung angesehen wird. Wie in der Folge gezeigt wird, ist es für Weiß doch nicht so einfach, den erforderlichen Nachweis zu erbringen.

4. — fxe4

Andere Fortsetzungen sind wesentlich schwächer:

1) 4. — De6 5. Se3 fxe4 6. d3! ±
2) 4. — Lc5 5. Sc3! Sc6 6. e5! De6 (6. — Dh4 7. g3 Dd4 8. De2 a6 9. f4 ±) 7. Sb5! Kd8 8. d4 Lb4† 9. c3 d5 10. Se3 ±, oder 5. e5 Dh4 6. De2 Sc6 7. g3 De7 8. f4 Sd4 9. Dd1 Se6 10. Se3 ±
3) 4. — b5 5. Se3 (5. — b4 6. exf5 Se7 7. d4 Sc6 8. c3 bxc3 9. bxc3 Sxf5 10. Sxf5 Dxf5 11. Ld3 ±) 6. Lxb5 c6 7. Dg4! ±, oder 6. Dh5† g6 7. Dd5 c6 8. Dxe4† Se7 9. Lxb5! ±, oder 6. Sc3 c6 7. Sxe4 Df7 8. Sg5! Df6 9. h4! ±

5. Sc3

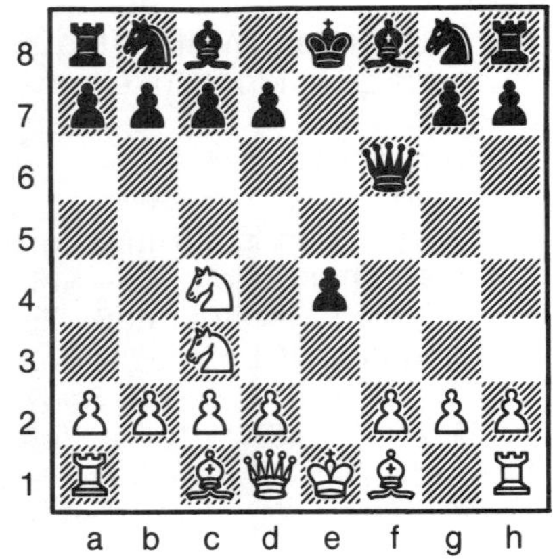

Nach dem Textzug sind bisher hauptsächlich die folgenden Möglichkeiten in der Praxis erprobt:

A 5. — Dg6
B 5. — De6
C 5. — Df7!

Andere, gelegentlich versuchte Alternativen sind nicht zu empfehlen:

1) 5. — Le7? 6. Se3! De5 7. d4! ±, Pachmann — Florian, Prag 1938.
2) 5. — d6 6. d3 exd3 7. Lxd3 Df7 8. 0-0 Le6 9. Te1 Sc6 (etwas besser sind 9. — Se7 bzw. 9. — Kd8) 10. Dg4! Sd8 11. Lf5! Kd7 12. Lxe6† Sxe6 13. Lg5 Sf6 14. Lxf6 gxf6 15. Df5! ±, Morgado — Korsmaa, Fernpartie 1974.
3) 5. — c6 6. Sxe4 (Schwächer ist 6. d3 d5 7. Se3 exd3 8. Lxd3 Lc5 9. 0-0 bzw. 7. — Lb4 8. d4 Se7 9. a3 0-0 10. Dd2 Ld6 mit gleichem Spiel.) 6. — De6 7. Dh5† Kd8 8. De5 d5 9. Sg5 De7 10. Dxe7† Sxe7 11. Se5 Lxg5 12. Sf7† Ke7 13. Sxg5 ±, Analyse Andersen/Nielsen.

Kehren wir nun wieder zu den drei wichtigsten Fortsetzungen des Nachziehenden zurück.

A 5. — Dg6

Früher wurde dieser Zug überwiegend gespielt, während er heute in der Praxis nicht mehr anzutreffen ist, obwohl er dem Schwarzen Ausgleich gibt.

6. d3

Dagegen würde 6. f3 Le7! dem Weißen arge Kopfschmerzen bereiten.

6. — Lb4

Weniger gut sind 6. — exd3? 7. Lxd3 Dxg2 8. Dh5† g6 9. De5† Le7 10. Le4 ±, oder 6. — Sf6 7. Sxe4 Sxe4 8. dxe4 Lc5 (8. — Dxe4† 9. Se3 Sc6 10. Ld3 De5 11. 0-0 Le7 12. Te1 Kd8 13. Sg4! ±, Cyffers — Radelet, Fernpartie 1970) 9. Le3 Lxe3 10. Sxe3 Dxe4 11. Ld3 De5 12. Lc4 c6 13. 0-0 Kd8 14. b4 d5 15. Te1 Te8 16. Dd2 Df4 17. Lf1! Le6 18. c4 Sd7 19. cxd5 Lxd5 20. b5! ±, Kuppe — Schulze, Fernpartie 1975.

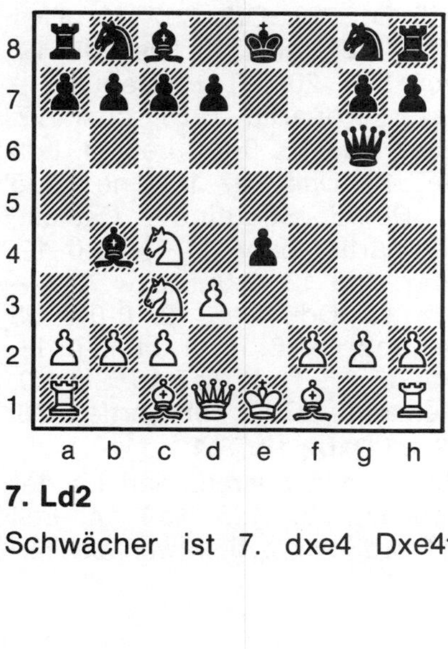

7. Ld2

Schwächer ist 7. dxe4 Dxe4† 8. Se3 (8. Le2 Lxc3† 9. bxc3 Se7! mit Ausgleich, aber nicht 9. — d5? 10. 0-0! dxc4 11. Te1 ±) 8. — Lxc3† 9. bxc3 Se7 (In Trifunowitsch — Apschenek, Stockholm 1937, blieb der schwarze König nach 9. — Sf6 10. Lc4 d6 gefährlich lange in der Mitte.) 10. Lc4 d5! (Nichts bringt 10. — d6 11. 0-0 Le6 12. Dh5† Kd7 13. Lxe6 Dxe6 14. c4 bzw. 10. — c6 11. Dd6! Sf5 [11. — b5 12. Ld3 De6 13. La3±] 12. Dc7 Sa6 13. Lxa6 bxa6 14. La3! jeweils mit weißem Vorteil.) 11. Lxd5 Sxd5 12. Dxd5 Dxd5 13. Sxd5 Sa6 14. 0-0 0-0 15. La3 Te8 mit nur geringem weißen Vorteil, Mathieu — Paz, Fernpartie 1974.

7. — Lxc3

Keinesfalls 7. — exd3? wegen 8. Lxd3 De6† 9. Kf1 Lxc3 10. Lxc3 Sf6 11. Dd2 0-0 12. Te1 Df7 13. Se5 Dh5 14. Le2! De8 15. Lc4† 16. Lxd5† Sxd5 17. Dxd5† De6 18. Sg6!, Gebuhr — Jédlicka, Fernpartie 1976, oder 9. Se3 c6 10. 0-0 Lxc3 11. Lxc3 Sf6 12. Te1 Kd8 13. Sf5, Paz — Jédlicka, Fernpartie 1976, mit Vorteil für Weiß in beiden Fällen.

8. Lxc3 Sf6

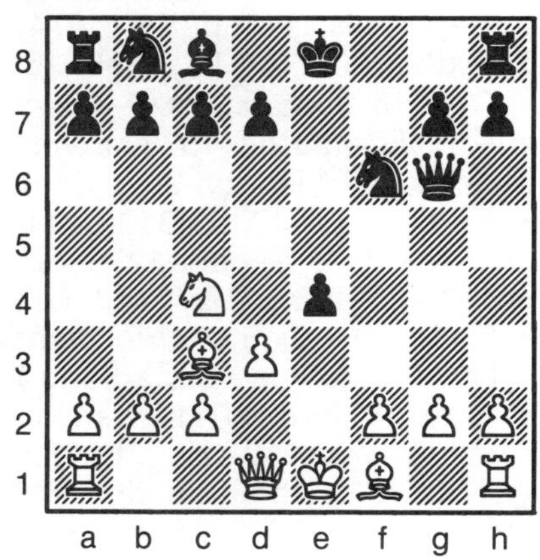

Andere Fortsetzungen sind wesentlich schwächer:

1) 8. — d5? 9. Se5 Df5 10. dxe4 Dxe4† 11. Le2 Sf6 12. 0-0 c6 13. Lh5† ±, Smyslow — Kamyshow, Moskau 1944.

2) 8. — Se7? 9. dxe4 Dxe4† 10. Se3 0-0 11. Dh5 ±, Gilman — Golouleo, Fernpartie 1948, bzw. 10. — d6 11. Lxg7 Tg8 12. Ld3 Dh4 13. g3 Dh3 14. Lf6 Sc6 15. Lxe7 Sxe7 16. Df3 Ld7 17. Dxb7 ±, Gebuhr — Harja, Fernpartie 1975.

3) 8. — d6 9. De2! (Eine Verbesserung gegenüber 9. dxe4 Dxe4† 10. Se3 Sf6 11. Ld3 Dh4 12. Df3 0-0 13. 0-0 Sc6 =, Gebuhr — Dr. Kokić, Fernpartie 1974.) 9. — Sf6 10. Lxf6 Dxf6 11. Dxe4† Kd8 12. 0-0-0 Sc6 13. f4 Te8 14. Df3 Tb8 15. g4 b5 16. g5 De7 17. Sd2 Lb7 18. Se4 ±, Gebuhr — Jédlicka, Fernpartie 1974.

9. Lxf6

Vielversprechend sieht auch 9. dxe4 aus, z. B. 9. — Dxe4†? 10. Se3 0-0 11. Ld3 De8 12. 0-0 c6 (12. — Sc6 13. Te1 Dd8 14. Sg4 d5 15. Sxf6† gxf6 16. Lxh7† 1:0, Paz — Vitols, Fernpartie 1974) 13. Lxf6 Txf6 14. Te1 Te6 15. Lf5 Te7 16. Dd6 ±, Paz — Jurgenson, Fernpartie 1976. Etwas besser scheint jedoch 9. — Sxe4 zu sein, z. B. 10. Ld3 0-0 11. 0-0 Sxc3 (11. — d5 12. Lxe4 dxe4 13. Se5 ±) 12. bxc3 Df6 13. Dh5 g6 14. Da5 c6 (Vielleicht ist 14. — Sc6 eine Verstärkung.) 15. f4 d5 16. Se5 Sd7 17. c4 Dd6 18. cxd5 cxd5 19. Kh1 b6 20. De1 Sc5 21. Dh4 Lf5 22. Lxf5 Txf5 23. Sg4! T5f8 24. c4 Se4! mit unklarer Stellung, Weinitschke — Szabo, Fernpartie.

9. — gxf6

Schwächer ist 9. — Dxf6 wegen 10. dxe4 0-0 11. f3 Sc6 12. Dd5† Kh8 13. 0-0-0 d6 14. Dd2 ±, Budovskis — Hempel, Fernpartie 1972.

10. dxe4 Dxe4†

10. — d6? 11. Dd5 Sc6 12. 0-0-0 ±.

11. Se3 Db4†!

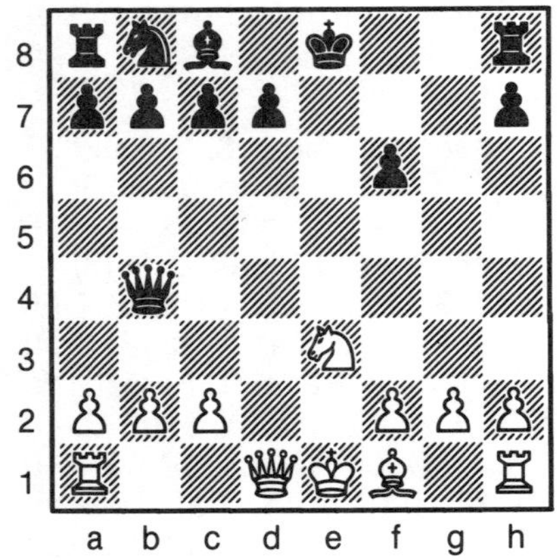

Nicht zufriedenstellend ist 11. — d6 12. Ld3 De7 13. 0-0 Kd8 14. Sd5 Df7 15. Df3 Sd7 16. Tfe1 c6 17. Sf4 Se5 18. De4 d5 19. Db4 Kc7 20. b3 ±, Gebuhr — Paz, Fernpartie 1975, oder 12. Dh5† Kd8 13. 0-0-0 Le6 14. Ld3 De5 15. Dh4 Sd7 16. The1 Dg5 17. Db4 ±, Strautins — Castelli, Fernpartie, oder 11. — 0-0 12. Lc4† Kh8 13. 0-0 ± bzw. 11. — c6? 12. Dd6 De5 13. 0-0-0 b5 14. Le2 Dxd6 15. Txd6 0-0 16. Lg4 a5 17. Thd1 Ta7 18. Sf5 1:0, Tiemann — Criel, Fernpartie 1978.

12. c3 Dxb2 13. Tc1

Nicht ganz ausreichend ist der Versuch 13. Sd5 Kd8 14. Lc4 (14. Ld3 ist evtl. etwas besser,

z. B. 14. — Te8† 15. Kf1 c6 16. Sxf6 Txf8! 17. Se4 d5 18. Tb1 Da3 19. Sg5 bzw. 18. — Dxa2 19. Ta1 mit unklarer Stellung.) 14. — Te8† 15. Kf1 c6 16. Tb1 Da3 17. Sxf6 Dxc3 18. Sxe8 Dxc4† 19. Kg1 Kxe8 mit schwarzem Vorteil, Jurgenson — Gebuhr, Fernpartie 1977.

13. — Da3!

Zu riskant ist 13. — Dxa2, und Weiß gewann nach 14. Lc4 Da5 15. Sd5 Kd8 16. Dd4 Te8† 17. Kd2 Te6 18. The1 Sc6 19. Df4 Td6! 20. Kc2 Da4† 21. Kb1! Sa5 22. De3 Te6 23. Dc5! Tb6†! 24. Sxb6 cxb6 25. De7† Kc7 26. Db4! Dc6 27. Lb5 Dd6 28. Dxd6 Kxd6 29. Tcd1† Kc7 30. Te7 Sc6 31. Txh7 a6 32. Le2 b5 33. Lg4 Se5 34. Lf5 Kc6 35. Th8 in Tiemann — Butler, Fernpartie 1973. Völlig unzureichend ist 13. — d6? wegen 14. Sd5 Kd8 15. Tc2 Te8† 16. Le2 Da3 17. Dd4 Te5 18. 0-0! ±, Guindon — Morgado, Fernpartie 1968.

14. Lc4

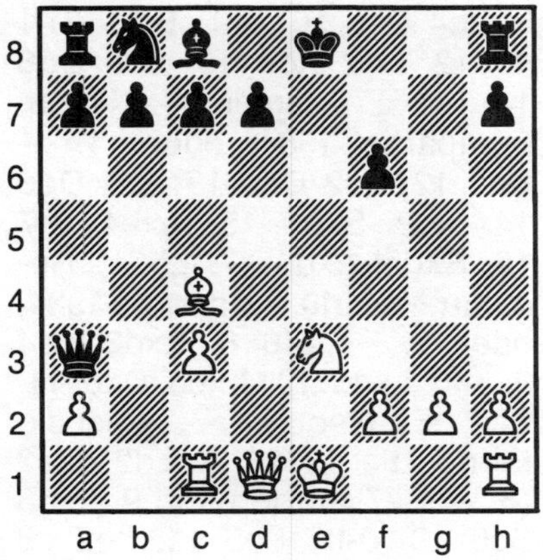

Es ist kaum zu glauben, daß sich der Nachziehende in der Diagrammstellung noch ausreichend verteidigen kann — aber es geht, wie die Folge zeigen wird. Deshalb bleibt zu überlegen, ob nicht der Fortsetzung 14. Sc4 der Vorzug gegeben werden sollte. So scheint der Weiße nach 14. — Dc5 15. Df3 0-0 16. Ld3 recht chancenreich zu stehen. Auch 14. Dh5† Kd8 15. Tc2 ist durchaus beachtenswert.

14. — Dc5 15. 0-0

Kaum mehr bringt 15. Lb3 ein: 15. — d6 16. Sd5 Kd8 17. 0-0 Sd7 18. Dg4 c6 19. Dg7 Te8 20. Sxf6 Sxf6 21. Dxf6† Kc7 22. Tfe1 Ld7 23. Lf7 Te5 24. Txe5! — aber nicht 24. Dg7?? Dxc3! ∓ — mit ausgeglichener Stellung, Walther — Gebuhr, Fernpartie 1975.

15. — c6 16. Te1 Kd8 17. Df3

Der Versuch 17. Le6?! ging in Korsmaa — Gebuhr, Fernpartie 1976, nach 17. — d6! 18. Lxc8 Kxc8 19. Dg4† Kc7 daneben.

17. — Dg5 18. De4 De5 19. Df3 Dg5

Und Remis in Gebuhr — Vitols, Fernpartie 1974, da 20. Dd1 d5 21. Lxd5 cxd5 22. Sxd5 nichts einbringt.

B 5. — De6

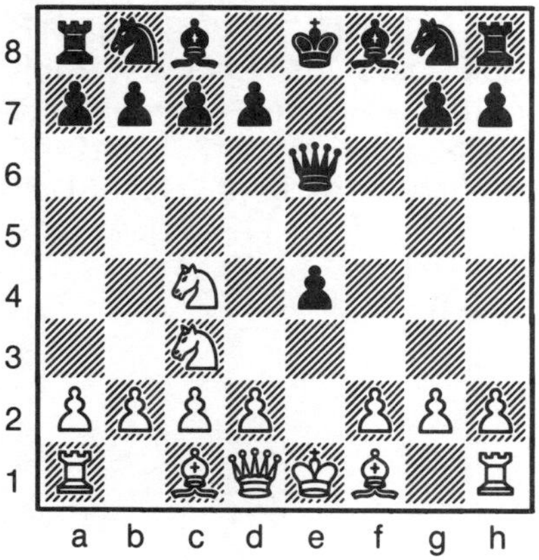

Diese Fortsetzung wird selten gespielt, da der Nachziehende wenig Aussicht auf Ausgleich hat. Dazu sind die unter A und besonders die unter C dargestellten Möglichkeiten besser geeignet.

6. d3

Auch mit 6. Se3 erzielt Weiß Vorteil. Für den Schwarzen sind darauf zwei Entgegnungen bekannt:

1) 6. — Sf6 7. Lc4! De7 8. 0-0 d6 9. Sed5 Sxd5 10. Lxd5 Sc6 11. Te1 Kd8 12. Txe4 Df6 13. d4 Lf5 14. Lxc6 bxc6 15. Te2 d5 16. Sa4 g5 17. Sc5 ±, Atars — Párraga, Fernpartie 1968.

2) 6. — c6 7. d3 Lb4!? 8. dxe4! (Nach 8. Ld2 exd3 9. Lxd3 Se7 10. 0-0 Df7 konnte Schwarz in Dreibergs — Budovskis, Fernpartie 1974, ausgleichen.) 8. — Lxc3† 9. bxc3 Dxe4? (Besser ist 9. — Sf6 — wieviel besser, muß die Praxis zeigen.) 10. Ld3 De5 11. 0-0 Sf6 12. Sc4 ±, Grobe — Scott, Fernpartie 1968, oder 7. — Sf6 8. Sxe4 Sxe4 9. dxe4 Dxe4 10. Ld3 De6 11. 0-0 Kd8 12. Sf5 h6 13. Te1 Df6 14. Ld2 d5 15. Lc3 Df7 16. Df3 Tg8 17. Sd4 Dxf3 18. Sxf3 ±, Rubinetti — Caramès, Mar del Plata 1975, oder auch 7. Lc4!? d5 8. Sexd5 cxd5 9. Sxd5 Dd7 10. 0-0 Sf6 11. Sxf6† gxf6 12. Te1 Sc6 13. Txe4 ±.

6. — Lb4

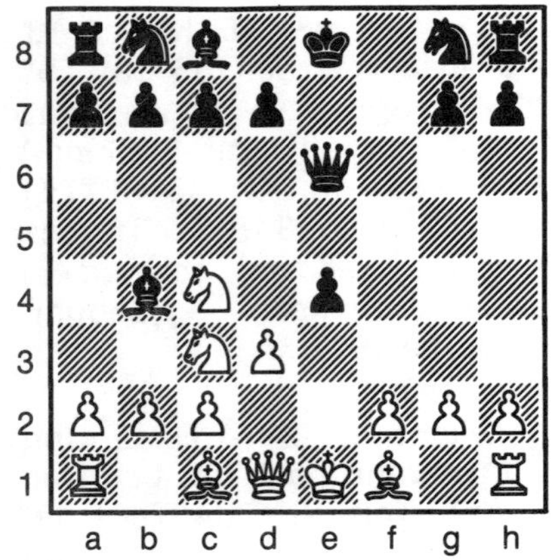

Die beiden Alternativen zu diesem Zug versprechen wenig:

1) 6. — exd3† 7. Se3 Lb4 (7. — Dxc2? 8. Dxc2 c6 9. Ld3 Se7 [9. — Sf6 10. 0-0 Le7 11. Sf5 0-0 12. Lh6! ±] 10. 0-0 Sa6 11. Lxa6 bxa6 12. Ld2 d5 [2. — Lb7 13. Se4 d6 14. Sc4 0-0 15. Tfe1 Dg6 16. Sa5 +=, Tiemann — Rogalski, Fernpartie 1986] 13. Tfe1 Dd6 14. Sf5 Lxf5 15. Dxf5 Df6 16. Dg4 h5 17. Da4±, Morgado — Atars, Fernpartie 1967, bzw. 8. — Sf6 9. Lc4 De5 10. 0-0 c6 11. Te1 d5 12. Ld2 Kd8 13. Sd5 Dd6 14. Lf4 ±, Niemand — Harju, Fernpartie 1984, oder 11. — Kd8 12. Ld2 Dh5 13. Se4 Dg6 14. Ld3 Sxe4 15. Lxe4 Df7 16. Sxd5! cxd5 17. Lg5†, Tiemann — Harju, Fernpartie 1984, oder 7. — Sf6 8. Lxd3 Lb4 9. 0-0 Lxc3 10. bxc3 Dc6 11. Sf5! ±, Gebuhr — Holecek, Fernpartie 1972.) 8. Ld2 dxc2 (8. — Se7 führte nach 9. Lxd3 Sc6 10. 0-0? Se5 11. Le2 c6 zu gutem schwarzem Spiel in Walther — Paz, Fernpartie 1974. Wesentlich stärker ist aber 10. Lc4! nebst Scd5 oder

auch sofort 10. Sb5.) 9. Dxc2 Sf6 10. Lc4 De7 11. 0-0 c6 12. Sed5! cxd5 13. Sxd5 Sxd5 14. Tfe1 Lxd2 15. Lxd5!! ±, Gelenczei — Ciprian, Fernpartie 1970. Auch nach 8. — Lxc3 9. Lxc3 Sf6 10. Lxd3 c6 11. 0-0 Kd8 12. Te1 d5 13. Sf5 hat Weiß Vorteil.

2) 6. — Sf6 7. dxe4 Lb4 (7. — Sxe4 8. Sxe4 Dxe4† 9. Se3 d6 10. Ld3 Dh4 11. Sd5 Kd8 12. Le3 Sc6 13. Dd2 h6 14. 0-0 Le6 15. c4 Se7 16. Sf4 Lf7 17. b4 nebst c5 bzw. 9. — Lb4 10. c3 Le7 11. Ld3 De5 12. 0-0 Sc6 13. Sd5!, Gebuhr — Jurgenson, Fernpartie 1973, mit weißem Vorteil in beiden Fällen.) 8. Se3 Lxc3† 9. bxc3 Dxe4 10. Lc4 c6? 11. Dd6 ±, Morgado — Soreghy, Fernpartie.

7. dxe4!

Erheblich schwächer sind:

1) 7. Se3 Lxc3! 8. bxc3 Se7! 9. dxe4 Dxe4 10. Ld3 Dh4 11. Df3 (11. Lc4 c6 12. Dd6 Tf8! 13. La3! b5 14. Lxb5 cxb5 15. Sd5 Dxf2† 16. Kd1 Sxd5 17. Dxd5 Sc6 18. De4† Kd8 19. Lxf8 Dxf8 20. Dxh7 Df6! 21. Dd3 b4! mit großem Vorteil für Schwarz in Gabrans — Strautins, Fernpartie 1972.) 11. — Tf8 12. Dg3 Dxg3 13. hxg3 h6 14. Th5 mit einer unklaren Position.

2) 7. Ld2 Se7 8. Se3 0-0 9. Sxe4 Lxd2† 10. Sxd2 Sf5 11. Dg4 d5! 12. 0-0-0 Dc6 13. Sxf5 Lxf5 14. Dd4 Sd7 15. g3 Sc5 mit Ausgleich in De Oliveira — Purins, Fernpartie 1972.

7. — Dxe4† 8. Se3

Ungenau ist 8. Le2 wegen 8. — Lxc3† 9. bxc3 Se7!, aber nicht 9. — d5 10. 0-0! dxc4 11. Te1 ±.

8. — Lxc3† 9. bxc3 Se7

Unbefriedigend ist auch 9. — Sh6 (9. — d6 10. Ld3 ±) 10. Lc4 Sf7 11. 0-0 0-0 12. Ld3 De5 13. La3 d6 14. Sd5 Ld7 15. Te1 Dg5 16. Lc1! Dh4 17. Te4 Dd8 18. Se7† Kh8 19. Dh5 Sh6 20. Lxh6 gxh6 21. Dxh6 Tf7 22. Tae1 Sc6 23. Sg6† Kg8 24. Lc4 Df6 25. Te8†!!, und 1:0 in Tiemann — Strelis, Fernpartie 1984.

10. Lc4

Die Empfehlung 10. Dd4 von H. Müller führte in Atars — Pupols, Fernpartie 1970, nur zum Ausgleich nach 10. — Dxd4 11. cxd4 0-0 12. Le2 d6 13. c4 Sbc6 14. Lb2 Sf5 15. Sc2 Te8† 16. Kd2 Sce7 17. g4 Sh4.

10. — d6

Keine Entlastung bringt 10. — b5 11. Lxb5 c6 12. Ld3 De5 13. Ld2 0-0 14. 0-0 ±.

11. Tb1!

Das ist wesentlich stärker als 11. 0-0 Le6! 12. Dh5† Kd7 13. Lxe6† (Auch 13. Ld3 bzw. 13. f3

ergeben nicht viel mehr.) 13. — Dxe6 14. c4 Sc6 15. Tb1 b6 16. Db5 a6 17. Db3 b5 und Remis in Castelli — Gabrans, Fernpartie 1972.

11. — Sd7 12. 0-0 Sb6 13. Te1! Kd8 14. Ld3 Da4 15. Tb4 Dxa2 16. Lc4!

mit Gewinnstellung in Weiler — Pracejus, Fernpartie 1976, oder **13. — Ld7 14. Ld5 Dh4 15. Lxb7 0-0 16. Lxa8 Dxf2† 17. Kh1 Txa8 18. Tf1 Dh4 19. Df3 Lc6 20. Df7† Kh8 21. Tb4!**

und 1:0 in Tiemann — Criel, Fernpartie 1982.

C 5. — Df7

Dieser Zug wurde zusammen mit dem folgenden Bauernopfer von Gunderam in die Praxis eingeführt. Es handelt sich zweifelsohne um die chancenreichste Fortsetzung für den Nachziehenden.

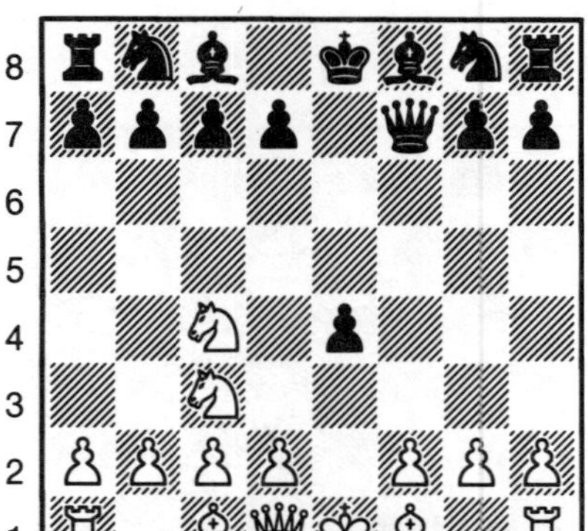

6. Se3

Eine beachtenswerte Alternative ist der aus russischen Schachkreisen bekannte Zug 6. d4!?, auf den Schwarz wie folgt reagieren kann:

1) 6. — Sf6 7. Lg5 Lb4 8. Se5 De6 9. Lc4 (Vielleicht ist das einfache 9. Le2 sogar chancenreicher.) 9. — d5! (Mit 9. — Lf5 verlor Schwarz in Dubinski — Tschelotarew, 1968, nach 10. Lxf6 gxf6 11. Sg4 Dg6 12. Se3 f5 13. Sed5 Lxc3† [Unbedingt erforderlich war 13. — La5] 14. bxc3 Kd8 15. Dd2 c6 16. Sf4 Df6 17. 0-0 d5 18. Le2 Le6 19. c4 dxc4 20. d5 cxd5 21. Lxc4 Sc6 22. Lxd5) 10. Lxf6 gxf6 11. Dh5† Ke7 12. Lxd5 (12. Dh6 fxe5! 13. Dg7† Kd6 14. Dxh8 [14. 0-0-0? Lxc3 15. dxe5† Lxe5 16. Txd5† Dxd5! 17. Dh6† De6 18. Td1† Ke7 19. Lxe6 Lxe6 ∓] 14. — Lxc3† 15. bxc3 dxc4 16. dxe5† Kc6 17. 0-0 Sd7 18. Tfe1 Sc5 19. Tad1 b6 nebst Kb7 =+) 12. — Lxc3† 13. bxc3 Dxd5 14. Sg6† Kd6 15. Dxd5† Kxd5 16. Sxh8 Le6 17. Tb1 Kc6! 18. c4 Lxc4 19. Tb4 b5 20. Txc4† bxc4 21. Kd2 Sd7 22. Sf7 Tf8 ∓, Ruiz — Destrebecq, Fernpartie, oder 8. — De7 9. Lc4 d6 10. Lxf6 Dxf6 11. Sg4 Dg5 12. Se3 c6 13. Dd2 d5 14. Le2 0-0 15. b3 a5? (Besser war sofort 15. — Sd7) 16. a3 Ld6 17. Sa4 Sd7 18. c4 dxc4 19. Lxc4† Kh8 20. Sc3 Sf6 21. d5 Lc5 mit Ausgleich in Ramazotti gege Criel, Fernpartie 1976.

2) 6. — Lb4 7. Ld2 Sf6 8. Le2 (Nach 8. Se3 d5 9. a3 La5 10. Sb5 Lxd2† 11. Dxd2 a6 12. Sc3 0-0 13. Le2 c6 14. 0-0 Le6 15. f3 exf3 16. Txf3 Sbd7 17. Taf1 De7 hatte Schwarz in Purins — Tiemann, Fernpartie 1985, bequemen Ausgleich.) 8. — d6 (Auch 8. — 0-0 ist

erwägenswert, z. B. 9. 0-0 Sc6 10. a3 (10. Se5! = Partie Nr. 3) 10. — Le7 11. Sb5 Ld8 12. f3 a6 13. Se5 Sxe5 14. dxe5 axb5 15. exf6 Lxf6 16. fxe4 De7 mit unklarer Stellung.) 9. 0-0 Sc6 10. d5 Sd4 (Wahrscheinlich ist auch 10. — Sxd5 möglich, z. B. 11. Sxe4 0-0!, obwohl das einfache 12. c3 nach 12. — Lc5 13. Sxc5 dxc5 14. Lf3 dem Weißen genügend Chancen beläßt.) 11. Sxe4! Sxe4 12. Lxb4 Dxd5 13. Ld3 0-0 14. Se3 De5 15. Lxe4 Dxe4 16. Lc3 Se6 (aber nicht 16. — c5 wegen 17. Lxd4 cxd4 18. Sc4, und Weiß kam in Vorteil, Niemand — Borrmann, Fernpartie 1985) 17. Sd5 Dh4, und der Nachziehende kann ausgleichen, oder 10. Sb5 0-0 11. c3 La5 12. b4 (12. Da4 = Partie Nr. 4) 12. — Lb6 13. a4 Le6 14. Se3 a6 15. a5 La7 16. Sxa7 Sxa7 17. f3 exf3 18. Txf3 Sc6 bzw. 18. Lxf3 c6, und Schwarz hat zufriedenstellendes Spiel.

Die Fortsetzungen 6. d3 d5 7. Se5 Df6 8. Sg4 De6 9. Le2 h5 10. Se3 Sf6, Mathieu — Gebuhr, Fernpartie 1974, bzw. 6. De2 d5 7. Se5 De6! 8. d4 c6 9. f3 exf3 10. Sxf3 Dxe2† 11. Lxe2 Le7 nebst Lf5 oder Le6 bereiten dem Schwarzen keine Probleme.

6. — c6

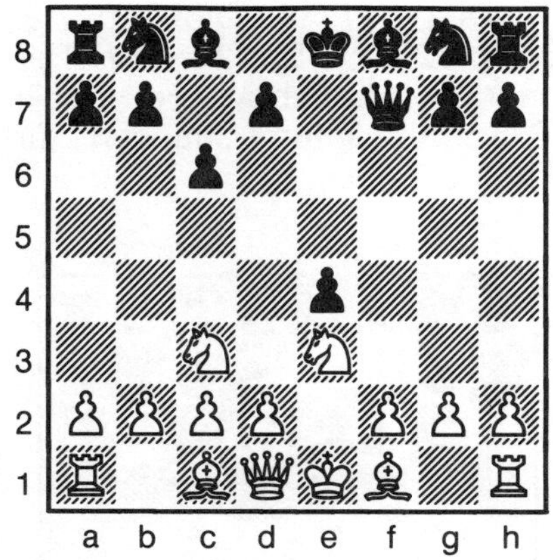

Das Bauernopfer läßt sich nicht umgehen, da nach 6. — Sf6 der Weiße klaren Vorteil erhält, z. B. 7. Lc4 Dg6 8. d3 Lb4 (Auch 8. — exd3 ist nach 9. Lxd3 Df7 10. Lc4 Dg6 11. 0-0 c6 12. Te1! ± nicht ausreichend.) 9. 0-0! c6 (In Budovskis — Gunderam folgte 9. — Lxc3 10. bxc3 c6 11. dxe4 Sxe4 12. De1! ±.) 10. Se4 d5!? 11. Sxf6† gxf6 12. Lxd5! cxd5 13. Sxd5 Ld6 14. Te1† Kf7 15. Lf4 ±, Walther — Gebuhr, Fernpartie 1973.

Der Anziehende hat nun nach 6. — c6 zwei fast gleichwertige Fortsetzungen: 7. d3 und 7. Sxe4

1) 7. d3!

Es hat sich gezeigt, daß der Weiße mit diesem Zug einen sehr gefährlichen Angriff erhält, der von Schwarz gar nicht so leicht abzuwehren ist.

7. — exd3 8. Lxd3 d5

Nicht zu empfehlen ist 8. — Lb4, z. B. 9. Ld2 (wegen 9. 0-0!, siehe Partie Nr. 5!) 9. — Sf6 (9. — d5 10. 0-0! d4 11. Se4! ±) 10. Lc4! d5 11. Scxd5 Lxd2† 12. Dxd2 cxd5 13. Sxd5 Sxd5 14. Lxd5 Dc7 15. 0-0 Sc6 16. Tae1† Kf8

17. De3 Se7 18. Df3† Lf5 19. Le4 g6 20. g4 Tg8 21. Kh1, Tiemann — Littleboy, Fernpartie 1985, mit guten Chancen für Weiß.

9. — 0-0!

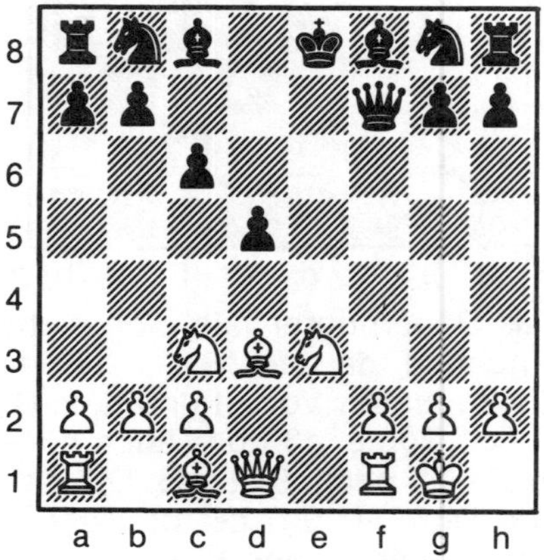

Nur so, denn das bisher angegebene 9. Se2? gibt dem Schwarzen nach 9. — Sf6 10. c4 Lb4† 11. Ld2 Lxd2† 12. Dxd2 0-0 mühelosen Ausgleich.

9. — Lc5

An dieser Stelle stehen dem Nachziehenden noch einige andere Fortsetzungen zur Verfügung:

a) 9. — d4? 10. Lc4 Dg6 11. Dd4 ± (Der gleiche Zug folgt auch auf 10. — De7 bzw. 10. — Dc7.), oder 10. — Df6 11. Se4 De5 12. Sg4 Lxg4 (12. — Dxe4? bzw. 12. — Df5 13. Te1 ±) 13. Dxg4 ±, oder 10. — Dd7 11. Dh5† Kd8 (11. — g6 12. De5† ±) 12. Td1 Sf6 13. Dh4 ±, oder 10. — Df4 11. Sd5 ±.

b) 9. — g6? — Ein Zug, der sicherlich keine Nachahmer finden wird — 10. Te1 Se7 11. Sg4! Lxg4 12. Dxg4 Sbd7 (12. — Lg7?? 13. Dc8 und Matt!) 13. Lg5! 0-0-0 14. Te3 ±, Diepstraten — Fiorito, Fernpartie 1982.

c) 9. — Le7 10. Te1 Le6 (10. — Sf6 siehe unter d) 11. Se2 (Das ist stärker als 11. Sg4 Sd7 12. De2 Lxg4 13. Dxg4 0-0-0 14. Lf5 Sgf6 15. Dh3 Lc5 (Auch 15. — Ld6 ist möglich.) 16. Sa4 The8 17. Lg5 Txe1† 18. Txe1 Te8 19. Txe8† Dxe8 20. Lxd7† Sxd7 21. Kf1 Lb4 22. c3 Ld6 mit ungefährem Ausgleich, Kozlov — Strelis, Fernpartie 1979.) 11. — Sd7 12. Sd4 0-0-0 13. Sxe6 Dxe6 14. Sf5 Df6 15. Dg4 ±, Budovskis — Kozlov, Fernpartie 1981.

d) 9. — Sf6 10. Te1 Le7 (aber nicht 10. — Le6? 11. Lf5! Se4 [11. — Lxf5 12. Sexd5†! ±] 12. Sxe4 dxe4 13. Dg4! Lxf5 14. Sxf5 Sbd7 15. Txe4† ±, Diepstraten — Tiemann, Fernpartie 1982) 11. Sf5 Lxf5 12. Lxf5 Sbd7 13. De2 0-0-0 14. Lg5 Ld6 15. De6 Df8 16. Lxf6 Dxf6 17. g3 Dc7 18. Dxf6 Sxf6 19. Te6 The8, und Schwarz hat Ausgleich, Diepstraten — Kuhlmann, Fernpartie 1983, oder 13. Dd4 0-0-0! 14. Dxa7?! Lc5! mit guten Chancen für Schwarz, oder 13. Lf4 0-0-0 14. Dd4 Sh5!, und beide Seiten haben ihre Möglichkeiten.

e) 9. — Ld6 10. Te1 Se7 11. Sc4! (Eine andere interessante Fortsetzung ist 11. Sexd5!?, mit der Weiß in Dr. Grottke — Bondick, Fernpartie 1981, nach 11. — cxd5 12. Sb5! Lxh2†? 13. Kxh2 0-0 14. Sc7 Df6 15. Dh5 Lf5 16. Te6 kurzzügig gewann. Besser für Schwarz ist aber 12. — 0-0!, z. B. 13.

Sxd6 Dxf2† 14. Kh1 Dh4 (14. — Df6 15. c4 +=), und die Stellung ist unklar.) 11. — dxc4 (Schwächer ist 11. — Lc7 12. Lg5 Le6 13. Lxe7 Kxe7 [13. — dxc4 14. Ld6 cxd3 15. Lxc7 Dxc7 16. Txe6† Kf7 17. Dd3 ±] 14. Dg4 g6 15. Kf1 Sd7 16. Txe6† Dxe6 17. Te1 Se5 18. Sxe5 Lxe5 19. Dxe6† Kxe6 20. f4 Kd6 21. Txe5 Tae8 22. Txe8 Txe8 23. Se2 ±, Tiemann — Criel, Fernpartie 1984.) 12. Lxc4 Lxh2†! (Sofort 12. — Dxc4 kommt nur dem Weißem zugute, z. B. 13. Dxd6 Df7 14. Lg5 0-0 15. Lxe7 Dxf2† 16. Kh1 Te8 17. Lh4 Txe1† 18. Txe1 Df8 19. Le7 De8 20. Sd5! ±, Budovskis — Morgado, Fernpartie 1979.) 13. Kxh2 Dxc4 14. Lg5 (zu 14. Dh5†! siehe Partie Nr. 6.) 14. — 0-0 15. Lxe7 Df4† 16. Kh1 Te8 17. La3 Df7 18. Df3 Le6 19. Se4 Dxf3 (aber nicht 19. — Sa6 20. Dxf7† Lxf7 21. Sd6 Txe1 22. Txe1 Lg6? 23. Te7 ±, Budovskis — Kinne, Fernpartie 1981.) 20. gxf3 Ld5! 21. c4 Lxe4 mit Ausgleich, oder 18. Se4 Sd7 19. Sd6 Txe1† 20. Dxe1 Dh5† 21. Kg1 Se5 mit unklarer Stellung, oder 10. Se2 Se7 11. c4 0-0 12. cxd5 cxd5 13. Sc3 Le6 14. Sb5 Le5 mit Gegenspiel für Schwarz.

10. Sa4 Ld6

Erheblich schwächer ist 10. — Le7 11. c4 d4 12. Sc2 Lf6 13. Sc5 Se7 14. Se4 0-0 15. Lg5! Sd7 16. Lxf6 Sxf6 17. Sg5 De8 18. Sxd4 Dd7 19. Sde6 Te8 20. Lxh7†! ±, Budovskis — Grobe,

Nach 10. — Ld6 stehen dem Anziehenden zwei Fortsetzungen zur Verfügung:

a) 11. Te1 Se7 12. De2 0-0 13. Sc3 b5 14. Scd1 Sd7 15. c3 Se5 16. Lc2 Sf5 17. a4 b4 18. a5 Sh4 19. f4!? Dxf4 20. Sxd5 Sef3† 21. gxf3 Sxf3† 22. Kh1 Dh4, und Schwarz hatte in Diepstraten — Tiemann, Fernpartie 1983, gute Chancen.

b) 11. c4! d4! (11. — Se7?! 12. Sc3 Le6 13. cxd5 cxd5 14. Sb5! Df4 15. g3 Db4 16. Ld2 Dc5 17. Tc1 Db6 18. La5! Dxa5 19. Sxd6† mit Vorteil für Weiß. Nichts ergab dagegen in Diepstraten — Tiemann, Fernpartie 1987, 18. Lc3 0-0 19. Ld4 Dd8 20. Sxd6 Dxd6 21. Lc5 Dd7 22. Lxe7 Dxe7 23. Dc2 g6 24. Tfe1 Df7 25. Sg2 Sc6 26. Sf4 Tae8 27. Dc3 d4 28. Dc5 Lxa2.) 12. c5! Lxh2† 13. Kxh2 dxe3 14. fxe3 Sf6!, und Schwarz sollte sich behaupten können. Dagegen kam Schwarz nach 14. — Dc7† 15. Kg1 Sf6 16. e4 Sbd7 17. e5 Sxe5 18. Lf4 Lg4 19. De1 Sfd7 20. Lxe5 Sxe5 21. Lf5! in Budovskis — Grivainis, Fernpartie 1970, in eine Verluststellung.

2) 7. Sxe4

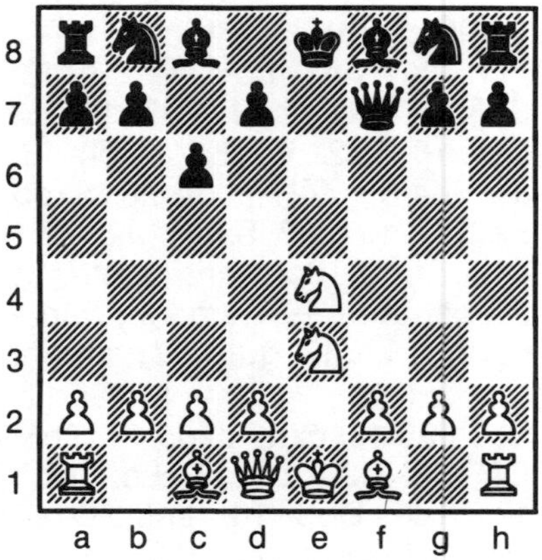

Vor der modernen Behandlung mit 7. d3! war dies der Normalzug.

7. — d5 8. Sg5!

Wird allgemein der etwas zurückhaltenden Spielweise 8. Sg3 vorgezogen, obwohl der Nachziehende auch hier einige Schwierigkeiten zu überwinden hat: 8. — h5! (Nach 8. — Sf6 9. d4 Ld6 10. Ld3 Le6 11. 0-0 Sbd7 12. b3 0-0-0 13. c4 h5 14. Dc2 h4 15. Lg6 Df8 16. Sgf5 Lc7 17. a4! erhielt Weiß ein starkes Druckspiel in Gebuhr gegen Padula, Fernpartie 1975.) 9. h4! (In Párraga — Zemitis, Fernpartie 1969, mußte sich Weiß davon überzeugen, daß es ohne diesen Zug nicht geht. Er verlor nach 9. Le2? h4 10. Sgf1 Le6 11. d4 Sd7 12. Sg4 0-0 13. Sfe3 Ld6 14. Dd3 Se7 15. Ld2 Sg6 16. Lf3 h3! 17. 0-0-0 Sh4 rasch.) 9. — g6!?

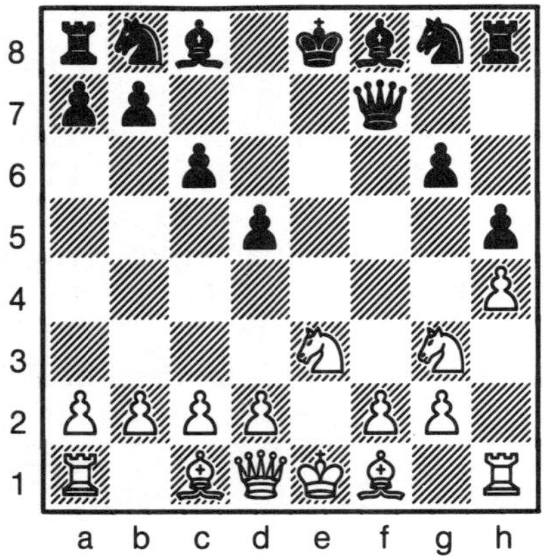

(Bisher wurde ausschließlich 9. — Ld6 gespielt, z. B. 10. d4 Sf6 11. Ld3 g6 12. 0-0 Le6 13. De2 Kd8 14. c3 Sbd7 15. Dc2 Tg8 16. Ld2 Kc7 oder 12. Df3 Le6 13. Ld2 Sbd7 14. 0-0-0 0-0-0 oder 12. c3 Le6 13. Ld2 Sbd7 14. Dc2 Tg8 15. 0-0-0 0-0-0, in allen Fällen mit unklarer Stellung, denn der weiße Mehrbauer scheint nicht leicht verwertbar zu sein. Dagegen erhält Schwarz nach 12. De2 Kd8 13. Ld2 Te8 14. 0-0-0? Lg4! gutes Gegenspiel.) 10. d4 Lg7 11. c3 Se7 12. Df3 (Während 12. Ld3 dem Nachziehenden nach 12. — 0-0 13. f4 [13. De2 Le6 14. Ld2 Sd7 15. f3 c5! =] 13. — c5! 14. f5 cxd4 15. 0-0 dxe3 16. fxg6 De6 17. Dxh5 Txf1† 18. Sxf1 Sd7 19. Lxe3 Sf6 20. Dg5 Dg4 bequemen Ausgleich gewährt, verspricht der Plan mit 12. Sc2 nebst Le3, Dd2 und langer Rochade dem Weißen vielleicht etwas mehr als der Textzug.) 12. — Dxf3 (In der Radiopartie Arnlind — Andersen, 1973, folgte 12. — Lf6!? 13. Ld3 Le6 14. Se2 Sd7 15. Sf4 c5!? 16. Sxe6 Dxe6 17. dxc5 Sxc5 18. Lb5† Kf7 19. 0-0 Kg7

20. g3 Thf8 21. Sg2! Db6! mit einer Stellung, die für beide Seiten schwierig zu spielen ist. Besser ist nach einer Analyse von Andersen/Nielsen 16. c4 Lg4! 17. Sxg4 hxg4 18. Dxg4 dxc4 19. Lxg6 Sxg6 20. Dxg6 cxd4 21. h5 Se5 mit guten Chancen für Weiß.) 13. gxf3 Lh6! 14. Ld2 Sd7 15. 0-0-0 Sf8 16. Te1 Se6 17. Sg2 Lxd2† 18. Lxd2 Kf7 19. Ld3 Sg7, und die Position ist ausgeglichen.

8. — Df6

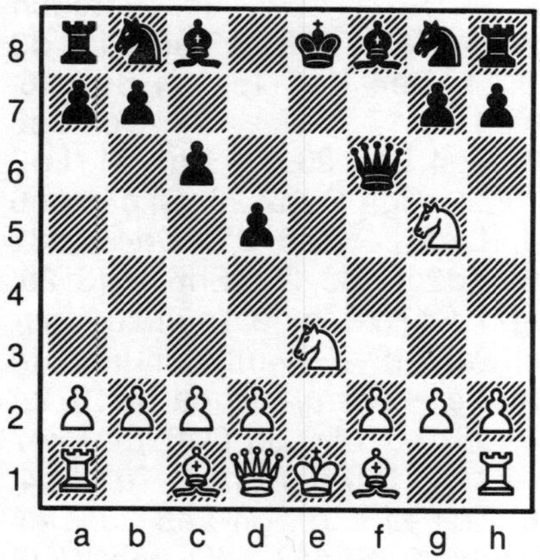

8. — De7 scheint nach 9. Sf3 Le6 10. d4 Sd7 11. Ld3 0-0-0 12. 0-0 g5 13. c4! keine Verstärkung für den Nachziehenden zu sein.

9. Sf3

Eine beachtenswerte Alternative ist hier 9. h4!?, z. B. 9. — d4 10. Sc4 b5 (aber nicht 10. — h6? 11. De2† Kd8 12. Se5 ±) 11. De2† Kd8 12. Se5 Sh6 13. d3 Kc7 14. Sgf3 Ld6 15. Lg5 De6 16. Lf4 c5 17. 0-0-0! mit chancenreichem Spiel für Weiß, Tiemann — Criel, Fernpartie 1983. Dagegen scheint Schwarz mit dem „klassischen" 9. — Ld6-Aufbau besser zu fahren (veränderte Bauernformation durch h4 und h6), z. B. 9. — h6 10. d4! Ld6 11. Sf3 (11. Ld3?? hxg5) 11. — Se7 12. De2 0-0 13. Ld2 c5 14. Lc3 Df7 15. 0-0-0 Sbc6 16. dxc5 Lxc5 17. Dd2 Le6 18. Lb5 Tad8 und Ausgleich in Dr. Grabner — Tiemann, Fernpartie 1978.

9. — d4!?

Zu dieser extrem scharfen Fortsetzung gibt es zwei wichtige Alternativen:

a) 9. — Le6 10. d4 Sd7 11. g3 0-0-0 12. Lg2 g5 13. h3 h5 14. c3 Lh6 15. Ld2 Se7 16. De2 Sg6 17. 0-0-0 mit Chancen für beide Seiten.

b) 9. — Ld6

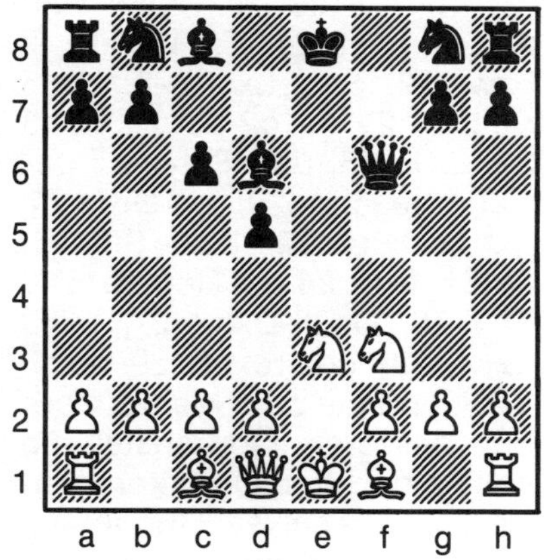

Der „klassische" Aufbau, der von Gunderam untersucht und in etlichen Fernpartien erprobt wurde.

10. d4 Se7 11. g3! (Bei 11. Ld3 0-0 12. 0-0 Le6 13. c3 Sd7 14. a4 h6 15. Dc2 Tae8 verbleibt dem Weißen nur ein minimales Übergewicht, Gabrans gegen Gunderam, Fernpartie 1971.) 11. — Le6 12. Lg2 Sd7 13. 0-0 0-0 (13. — 0-0-0 gibt dem Weißen zusätzliche Chancen,

z. B. 14. b3 Tdg8 15. c4 g5 16. cxd5 cxd5 17. Lb2 h5 18. Se5 h4 19. Sxd7 Kxd7 20. Sg4 Df5 21. h3 Kc7 22. Dc1† Sc6 23. Se3 Df7 24. g4! ±, Morgado — Strautins, Fernpartie 1974.) 14. b3 Sg6 15. Lb2 h5 16. h4 Tae8 17. c4 (17. Sg5 Sf4! 18. Sxe6 [18. gxf4 Dxf4 19. Sf3 Lg4 ist indiskutabel] 18. — Txe6 19. Dd2 Sxg2 20. Sxg2 Df5 21. Tae1 Txe1 22. Txe1 Sf6, und Schwarz ist in Vorteil — Analyse Gunderam.) 17. — Lg4 18. Sxg4 hxg4 19. Sh2 Sxh4 20. Sxg4! (In Morgado — Gunderam, Fernpartie 1972, geschah weniger gut 20. gxh4 Dxh4 21. f4 [21. Sxg4? Sf6! 22. Sxf6† Txf6 23. f4 Lxf4 24. Txf4 Dxf4 ∓ bzw. 22. Se5 Lxe5 23. dxe5 Sg4 ∓] 21. — g3 22. Sf3 Dh5 23. Lc1 Sf6, und Schwarz gewann rasch.) 20. — Dd8 21. gxh4 Dxh4 22. Lc1! Sf6 23. Sxf6† Txf6 24. f4 Tfe6 25. Df3 Te4 26. Dh3! Dxh3 27. Lxh3 dxc4 28. Lb2 cxb3 29. axb3 Te3!, und die zwei Mehrbauern bei besserer Figurenstellung sollten die Minusfigur kompensieren — Analyse Gunderam.

10. Sc4 b5 11. De2†!

Der „letzte Schrei" — verbunden mit einem gut fundierten Plan der Figurenentwicklung führt der Anziehende die schwarze Konzeption — gekennzeichnet durch 9. — d4 und 10. — b5 — „ad absurdum". Das bisher übliche 11. Sce5 gibt dem Schwarzen recht gutes Gegenspiel, z. B. 11. — Ld6 12. De2

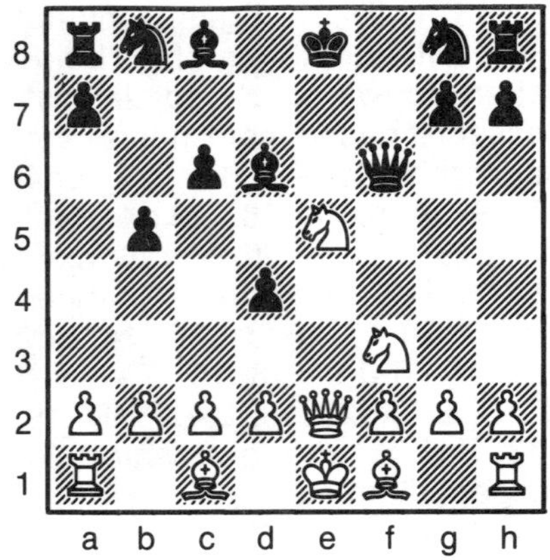

12. — Se7 (Auch der Versuch 12. — Kd8!? führte nach 13. d3 h6 14. De4 Kc7 15. Lf4 Se7 16. Dxd4 c5 17. Dc3 b4 18. Dc4 Le6 19. De4 Ld5 20. De3 g5 21. Lg3 Sf5! 22. Sg4 Dxb2 23. Dxc5† Lc6 24. Lxd6† Sxd6 25. Dd4 Te8† 26. Kd2 Dxa3 27. Sh6 Lxf3 28. Dg7† Sd7 29. gxf3 Te5!! zu einer schwarzen Gewinnstellung in Padula — Atars, Fernpartie 1972.) 13. d3 0-0 14. Lg5 De6 15. Lxe7 Dxe7 16. 0-0-0 Te8 17. Te1 Lb4! 18. Td1 Lf5! 19. g4 Le6 20. De4 (Nach 20. Sxd4? Ld5! gab Weiß in Gebuhr — Tiemann, Fernpartie 1978, die Partie auf.) 20. — Lc3!

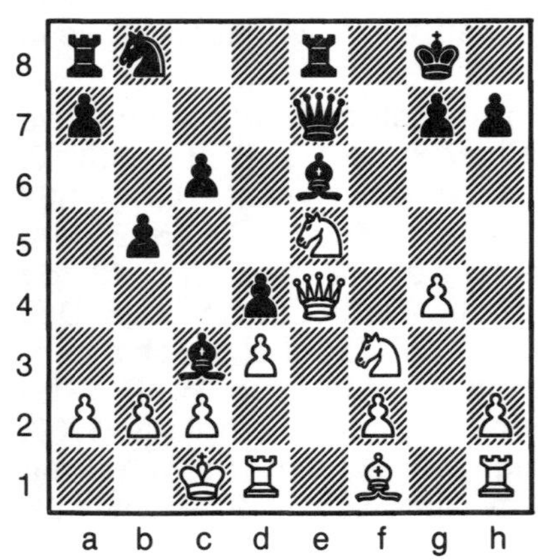

21. bxc3 Da3† 22. Kd2 Dxc3† 23. Kc1 (23. Ke2 Ld5 24. Df4 Sd7 mit Gewinn!) 23. — Ld5! 24. Df4 Tf8 25. Dg3 Sa6! nebst Sb4 und siegbringendem Angriff.

11. — Kd8

Auf das wünschenswerte 11. — Le6? folgt 12. Sxd4! mit klarem Vorteil für Weiß.

12. d3!

In Grivainis — Tiemann, Fernpartie 1987, folgte schwächer 12. Sce5 Ld6 13. d3 Kc7 14. Lg5 Df5 15. De4 Sf6 16. Dxf5 Lxf5 17. 0-0-0 Te8 18. Te1 Sbd7 19. Sxd7 Txe1† 20. Sxe1 Sxd7 mit nur geringem Vorteil für den Anziehenden.

12. — h6 13. Scd2!

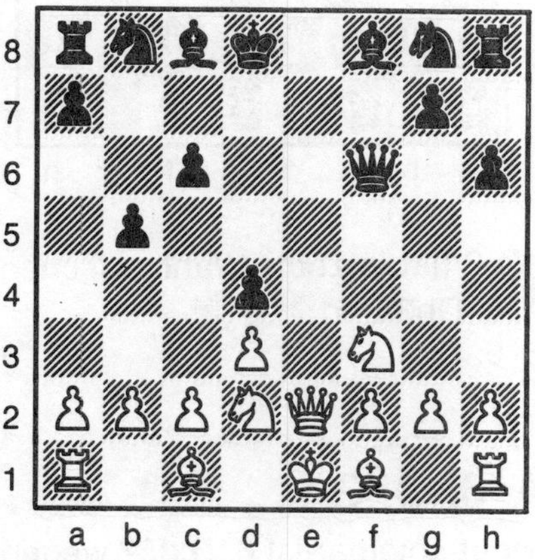

Viel besser als das gelegentlich gespielte 13. Sa5.

13. — Lf5

Gegen das mögliche De4 gerichtet. In Rosenhahn — Bondick, Fernpartie 1981, folgte 13. — c5 14. g3 Sc6 15. Lg2 Lb7 16. 0-0 g5 17. Te1 Kc7 18. Se4 Df7 19. c3 Sf6 20. Sxf6 Dxf6 21. Ld2 Th7 22. cxd4 cxd4 23. De6 mit klarem Vorteil für Weiß.

14. g3 Ld6 15. Lg2 Se7 16. 0-0 Te8 17. Sb3

und der Anziehende gewann in Dr. Grabner — Tiemann, Fernpartie 1982, nach wenigen Zügen. Beim derzeitigen Erkenntnisstand sieht es so aus, daß der Nachziehende auf seine anspruchsvolle Konzeption mit 9. — d4 und 10. — b5 verzichten und sich mit den Alternativen 9. — Le6 bzw. 9. — Ld6 bescheiden muß.

Zweites Kapitel (1. e4 e5 2. Sf3 f5 3. Sxe5 Sc6)

1. e4 e5 2. Sf3 f5 3. Sxe5 Sc6

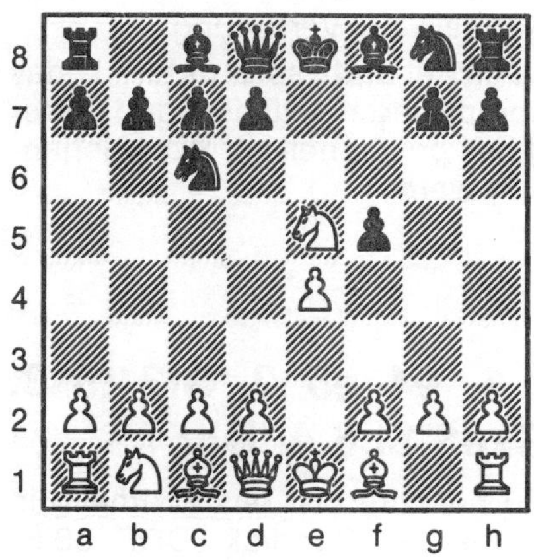

Diese Fortsetzung wird dem dänischen Meisterspieler Henrik Möller zugeschrieben. Den Schachfreunden, die sich nur oberflächlich mit dem Lettischen Gambit beschäftigt haben, ist dieser Zug meistens gar nicht bekannt. Der Wert dieser Variante ist fraglich, in der Praxis kann sie jedoch wegen ihres Überraschungscharakters demjenigen Vorteile bieten, der sich in der Materie besser auskennt. Maßgebend hierfür ist die unter II behandelte Fortsetzung, in der Weiß das Bauernopfer annimmt und sich in leicht überschaubarer Stellung mit dem aufkeimenden Druckspiel des Nachziehenden auseinandersetzen muß.

Die Frage, ob dieses Spiel ausreichende Kompensation bietet, konnte bisher noch nicht völlig geklärt werden. Hier haben letztlich die Resultate in der Anwendung das entscheidende Wort zu sprechen.

Dem versierten Taktiker steht jedenfalls noch ein reiches Betätigungsfeld und eine brisante Alternative zu der gut ausanalysierten Fortsetzung des ersten Kapitels zur Verfügung.

Nachstehend soll unter I das komplizierte 4. Dh5† und unter II das positionelle 4. Sxc6 behandelt werden.

I 1. e4 e5 2. Sf3 f5 3. Sxe5 Sc6 4. Dh5†

Zu beachten ist das erstmalig in Luther — Bondick, DDR 1986, gespielte 4. d4 Dh4 5. Sc3 Lb4 6. Sxc6 Dxe4†?! (dxc6!) 7. Le2 Dxc6 8. 0-0 Lxc3 9. bxc3 Sf6 10. Lh5† g6 11. Te1† Kf7 12. Lf3 d5 13. Lf4 Le6 14. Le5 Thg8 15. Dd2 g5 16. Lxf6 Kxf6 17. Te5 Lf7 18. Tae1 Tae8 19. c4, und Weiß hatte das klar bessere Spiel.

4. — g6 5. Sxg6

Nicht ausreichend ist 5. Sxc6 dxc6 6. De2 Lg7! 7. exf5 Se7 8. fxg6 Lf5 9. gxh7 Dd7 10. Dh5† Lg6 11. Dh3 Sf5 12. Dd3 Df7 13. Dc4 Df6! 14. Sc3 0-0-0 15. d3 Tde8† 16. Le3 Txe3† ∓, Aficionado — Keres, Fernpartie '40.

5. — Sf6

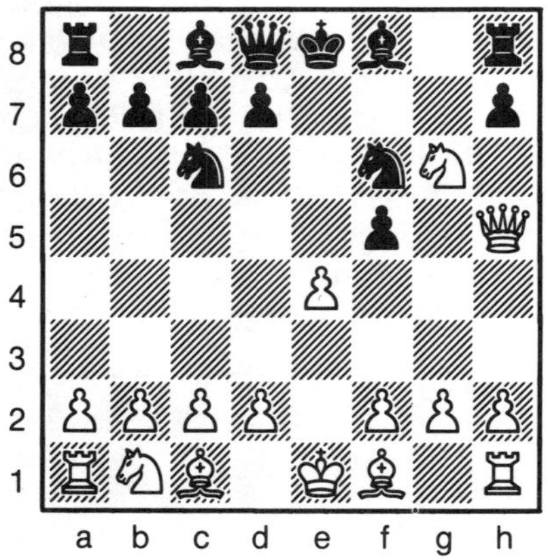

Weiß hat jetzt die Wahl zwischen

A 6. Dh3 und

B 6. Dh4!

A 6. Dh3

Nicht spielbar ist 6. Dxf5? wegen 6. — d6! 7. Dg5 hxg6 8. Dxg6† Ke7! mit der gefährlichen Drohung 9. — Tg8!

6. — hxg6

Interessant, aber letztendlich zu gefährlich ist der Versuch 6. — fxe4 7. Sxh8 d5 8. Db3! (Weniger überzeugend ist 8. Dh4 Sd4! 9. Lb5† Sxb5 10. 0-0 Lg7 11. d3 Lxh8 12. Lg5 Lf5 13. dxe4 dxe4 14. c4 Sd6 15. Sc3 c6 16. Td1 mit unklarer Stellung. Schlecht ist dagegen 8. Dg3? Sd4! 9. De5† Se6 10. b3 Ld6 11. Db2 De7 12. Le2? Sf4 ∓) 8. — Lg7 9. Lb5 Sg4 10. Sc3 Le6 11. Sxe4 De7 12. h3 dxe4 13. Lxc6† bxc6 14. Db7 ±, Paz — Walther, Fernpartie 1976. Nur dem Schwarzen gibt 7. Sxf8 Chancen, z. B. 7. — Txf8 8. Dh4 d5 9. Lb5 Ld7 10. 0-0 Sd4 11. Lxd7† Dxd7 12. Sc3 0-0-0 13. d3 Tg8 14. Kh1 Txg2!, Soreghy — Grobe, Fernpartie 1974. Nach 6. — Tg8? 7. Sxf8 De7 8. Sxh7 (auch 8. d3! ist gut möglich) 8. — Sxe4 9. d3 Sg3† 10. Kd1 Sxh1 11. Dh5† Kd8 12. Lg5 hat Weiß eine Gewinnstellung.

7. Dxh8 De7 8. Dh4

In letzter Zeit wurde auch 8. d3 versucht, obwohl dieser Zug dem Anziehenden geringere Chancen beläßt, z. B. 8. — fxe4 (Hier wurde auch 8. — Sd4 erprobt; 9. Sa3 fxe4† 10. Le3 [10. Kd1!] 10. — Db4† 11. c3 Dxb2 12. Lxd4 Dxa1† 13. Kd2 Dxa2† 14. Sc2 Sh5 15. Le2 Df7 16. Lxh5 gxh5 17. Te1 d6 18. Txe4† Le6 19. Th4 0-0-0 20. Dxh5 Dxh5 21. Txh5 mit leichtem Vorteil für Weiß, Kozlov — Borrmann, Fernpartie 1984.) 9. Sa3 d5 10. dxe4 Sxe4 11. Le2 Ld7 12. 0-0 0-0-0 13. Lh6 mit unklarer Stellung oder 9. Kd1 Sg4 10. Le3 d5! 11. Le2 (Eine aussichtsreiche Alternative ist auch 11. h3.) 11. — Kf7 usw. (siehe Partie Nr. 7).

8. — d5

Auf 8. — fxe4?! folgt 9. Lb5 Sd4 10. La4 nebst 0-0 und d3 mit weißem Vorteil.

9. Lb5!

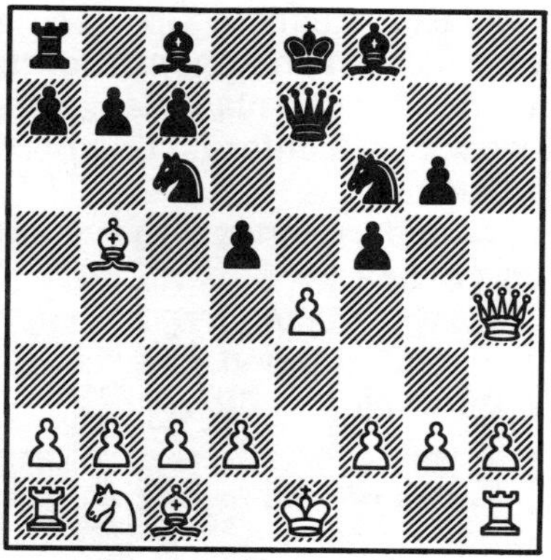

Außer dem Textzug verdient die Fortsetzung 9. d3 ebenfalls Beachtung, z. B. 9. — Sd4 10. Sa3 fxe4 11. dxe4 Sf5! 12. Df4 dxe4! mit unklarer Stellung oder 11. — Lg4?! 12. Le3 0-0-0 13. f3! (aber nicht 13. Lxd4? Dxe4† 14. Le3 Db4† 15. c3 Db2 16. Tc1 Te8! ∓, bzw. 13. c3? dxe4 14. Tc1 [14. cxd4 Db4†] 14. — Dxa3! ∓, Fleuriot — Walther, Fernpartie 1974) 13. — Db4† (13. — Sf3†? 14. gxf3 Lxf3 15. Lh3† Kb8 16. e5! Dxe5 17. Dd4 oder 16. — Se4 17. Dxe7 Lxe7 18. 0-0! und weißer Vorteil in beiden Fällen.) 14. Kf2! Le7! 15. Lg5 Le6 16. e5! ± (aber nicht 16. Lxf6? Dd2† 17. Kg1 Lxf6 18. Df2 Sxf3†, und Schwarz gewinnt.).

9. — Kf7 10. Lxc6

Auch 10. 0-0 scheint gut spielbar zu sein, z. B. 10. — Sd4 11. La4 fxe4 12. Sc3 Sf5 13. Dh3 Le6 14. d3 Lg7 15. dxe4 dxe4 16. Lg5 Th8 17. Lxf6 Lxf6 18. Dg4 mit etwas besserer Stellung für Weiß, Wynia — Nobbe, Fernpartie 1982.

10. — bxc6 11. 0-0

Nicht so gut ist 11. d3 dxe4 12. dxe4 La6 13. Sc3 Db4 14. a3 Db6 mit beträchtlichen Angriffschancen für den Nachziehenden, Kustovic — Atars, Fernpartie 1971.

11. — La6 12. Te1 dxe4 13. d3 Te8 14. Sc3

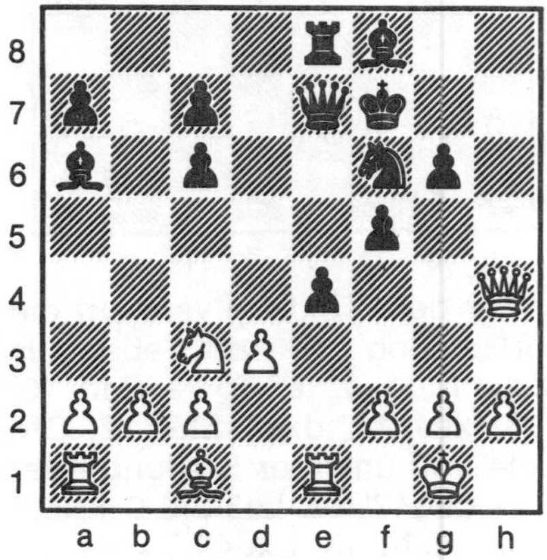

und der Druck des Schwarzen sollte das materielle Minus nicht vollauf kompensieren.

B 6. Dh4!

Das ist wegen der möglichen Verführung zu 6. — Tg8?! etwas genauer als 6. Dh3, obwohl nach dem richtigen 6. — hxg6 die Variante A erreicht wird.

6. — Tg8?

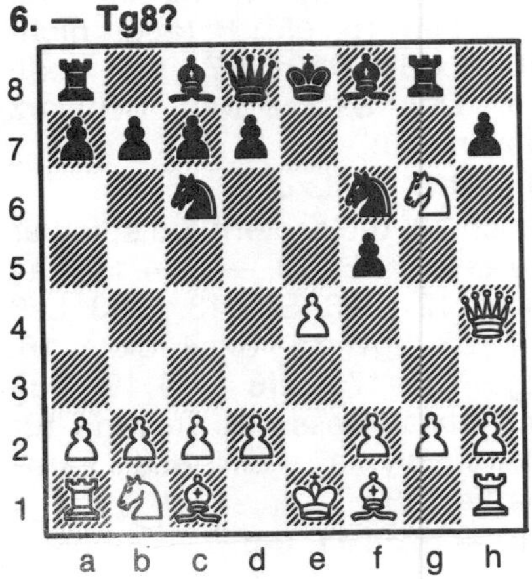

7. e5!

Bisher wurde nur 7. Sxf8 ohne Erfolg für Weiß erprobt, z. B. 7. — Tg4! 8. Dh6 Txe4† 9. Kd1 Sg4! 10. Dh5† Kxf8 11. Dxf5† Kg7

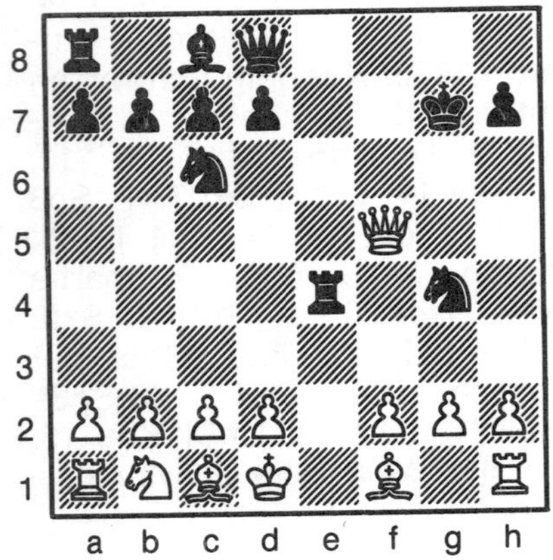

Und nun:

1) 12. d3 d6 13. Df3 Sxf2† 14. Dxf2 Lg4† 15. Le2 Txe2 16. Dxe2 Lxe2† 17. Kxe2 Dh4 ∓, Krezinsky — Bergesen, 1964.
2) 12. c3 d5 13. Df3 Se3† 14. Dxe3 Txe3 15. fxe3 Df6 16. Le2 Df2 17. g3 Dg2 18. Tf1 Dxh2 19. c4 Lh3 20. Tf4 Dh1† 21. Kc2 Lf5† 22. Kb3 Dxc1 ∓, Strelis — Budovskis, Fernpartie 1974.
3) 12. b3 d5 13. Lb2† Kg8 14. Df3 Dh4 15. g3 Dh5 16. Le2 Sxf2† ∓, Gubich — Kuruchin, 1969.

7. — Sxe5

Die Alternative 7. — Txg6 bietet noch geringere Möglichkeiten, z. B. 8. exf6 Dxf6 9. Dxf6 Txf6 10. c3 Te6† 11. Le2 d5 12. Kd1 Ld7 13. Lh5† oder 10. Le2 Te6 11. Kd1 Sd4 12. Lh5† Kd8 13. d3 oder 8. — Txf6 9. Dh5† Tf7 10. c3 nebst d4, und in allen Fällen hat Weiß klaren Vorteil.

8. Sxe5 De7 9. Le2

Andere Fortsetzungen geben dem Schwarzen recht gute Chancen, z. B. 9. f4 Tg4 10. Df2 d6 11. d4 dxe5 12. dxe5 Se4 13. Df3 Ld7 14. Sc3 Lc6 15. Sxe4 Lxe4 16. Df2 0-0-0 =+, oder 9. d4 Tg4 10. Dh3 Txd4 11. f4 d6 12. Lb5† c6 13. 0-0 dxe5 14. Le2 exf4 15. Sc3 Le6 16. Lf4 0-0-0 mit unklarer Stellung, oder 9. Kd1 Dxe5 10. d4 De7 11. Lg5 Tg6 12. Le2 Dg7 13. Lxf6 Txf6 14. Lf3 Le7 15. Sc3 Th6 16. Df4 Th4 [16. — d6!?] 17. Dxc7 Dxd4† 18. Ke1 Ld6 =+.

9. — Dxe5 10. d4 De6 11. Lg5 Lb4†!

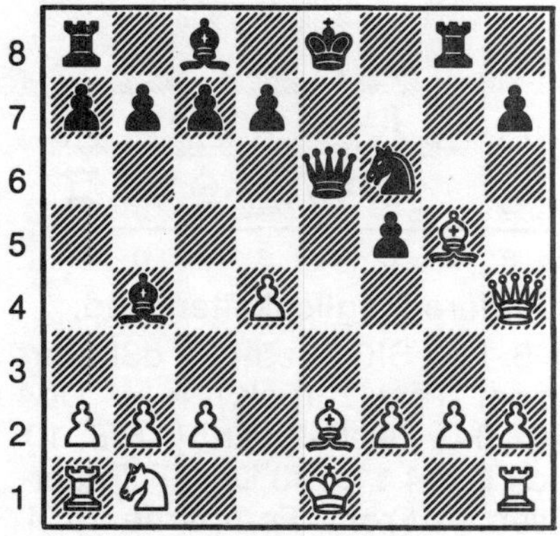

Schwächer geschah in van der Sterren — van der Lyn, Holland 1978, 11. — Le7 12. Sc3 Kd8 13. 0-0-0 ±.

12. c3 Le7 13. Sd2 Kd8

mit unklarer Stellung. Ein endgültiges Urteil über den Wert von 6. — Tg8?! 7. e5! kann nur nach weiterer praktischer Erprobung gefällt werden.

II 1. e4 e5 2. Sf3 f5 3. Sxe5 Sc6 4. Sxc6 dxc6 5. Sc3

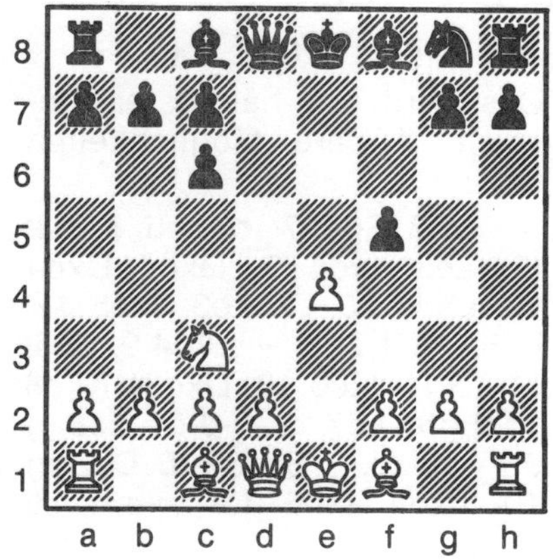

Alternativen sind:

1) 5. d4 Dh4! 6. exf5 Lxf5 7. Ld3 Lg4! 8. Le2 Sf6 9. Lxg4 (9. h3 Le6 =+) 9. — Sxg4 10. De2† Kd7 11. Le3 Te8 12. Kd2 g6 13. g3 Dh3 =+.
2) 5. Lc4 Dh4! 6. d3 fxe4 7. De2 (7. g3 Dh3 =, aber nicht 7. — Dg4? 8. Dxg4 Lxg4 9. dxe4 Lf3 10. 0-0! ±) 7. — Sf6 =.

Der Textzug wird von den meisten Theoretikern als vorteilhaft für Weiß angegeben, obwohl der entsprechende Nachweis gar nicht so leicht fällt.

Wir untersuchen jetzt vier Fortsetzungen:

A 5. — Sf6
B 5. — Lc5
C 5. — De7
D 5. — fxe4

Es zeigt sich, daß der Druck des Schwarzen ihm mehr Kompensation für den geopferten Bauern gibt, als allgemein angenommen wird. Die geschwächte Bauernformation am Damenflügel kann allerdings im Endspiel ein Handicap sein.

A 5. — Sf6

6. exf5

Das wird am häufigsten gespielt. Andere Möglichkeiten sind:

1) 6. e5!? Sg4 7. d4 c5 8. h3! (8. Le3 cxd4 9. Dxd4 Dxd4 10. Lxd4 c5 11. Le3 Sxe5 12. Lb5† Kf7! =) 8. — cxd4 9. Sb5! (9. hxg4 dxc3 10. Dxd8† Kxd8 11. Lg5† Le7 12. 0-0-0† Ke8 =) 9. — a6! (9. — Sxe5? 10. De2 ±) 10. hxg4 axb5 11. Lxb5† c6 12. Ld3! +=.
2) 6. Df3 fxe4 7. Sxe4 De7 8. Ld3 Lg4 9. Df4 0-0-0 10. b3 Ld7 11. Lb2 Sd5 12. Dg3 h5 =, Brandes — Atars, Fernpartie 1971.
3) 6. d4 fxe4 7. Lg5 Lf5 8. Lc4 Le7 9. 0-0 Dd6 10. Se2 Sd5 11. Lxe7 Kxe7 12. Sg3 Dg6 13. Te1 Kd7 14. Sxf5 Dxf5 15. f3 Tae8 16. fxe4 Txe4 17. Tf1 Dg6 =, Kinne — Sprod, Fernpartie 1972.

6. — Lxf5 7. d4

Nicht spielbar ist 7. Lc4 wegen 7. — Lc5 8. d3 Sg4! ∓ bzw. 8. De2† Kd7! ∓.

7. — Dd7

Bekannt war bisher 7. — Lb4 8. Ld3 Lg4 9. f3 Lh5 10. De2†?! Kf7! 11. Lc4† Sd5 12. 0-0 Te8 mit Ausgleich in Hempel — Atars, Fernpartie 1970. Besser für Weiß ist aber 10. Lg5 Dd7 11. 0-0 0-0-0 12. Se2 oder 11. — Lxc3 12. bxc3 0-0-0 13. Dd2, und die schwarze Kompensation für den Minusbauern ist in Frage gestellt.

8. Ld3 0-0-0 9. Se2 Ld6 10. Lg5 c5 11. d5 Tde8 12. Lxf6 gxf6 13. Dd2 Thg8 14. g3 Lg4 15. 0-0-0 Lf3 16. Thf1 Lxd5 17. Sc3 Lf3 18. Le2 Lxe2 19. Sxe2

und Schwarz hat ausgeglichen, Borrmann — Littleboy, Fernpartie 1985.

B 5. — Lc5 6. d3!

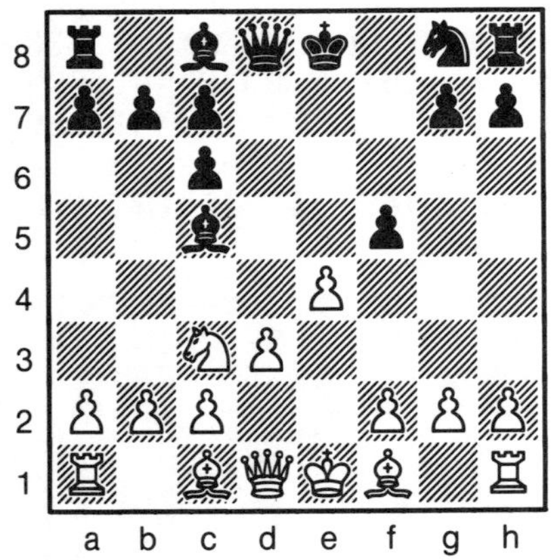

Andere Möglichkeiten sind:

1) 6. Le2 Sf6 7. e5? (7. d3! führt zum Text zurück.) 7. — Dd4 8. 0-0 Dxe5 9. Lh5† Kf8 10. d4 Dxd4 11. Df3 Dh4!∓, Pedersen — From, Fernpartie 1974.
2) 6. De2† De7 7. d3 Ld7 8. exf5 0-0-0 9. Dxe7 Lxe7 10. Le2 Lxf5 11. 0-0 Sf6 12. Le3 h6 13. Tfe1 Ld6 14. Lf3 +=.
3) 6. Lc4!? Lxf2† 7. Kf1 Lb6 8. Df3 Df6 (Als unzureichend erwies sich 8. — Dd4? 9. d3 Ld7 10. Lg5 Sf6 11. Te1 0-0-0 12. e5 Sg4 13. e6 Le8 14. e7 Td6 15. Dxf5† Kb8 16. Te4 Df2† 17. Dxf2 Sxf2 18. Tf4 Sxh1 19. Tf8 ±, Jédlicka — Walther, Fernpartie 1974.) 9. d3

Ld7 10. Ld2 Se7 11. Te1 0-0-0 mit unklarer Stellung.

6. — Sf6

Sofort 6. — De7?! gibt dem Weißen Vorteil nach 7. Le2 Sf6 8. 0-0 0-0 9. exf5 Lxf5 10. Lg5 Tad8 11. Dd2 h6 12. Lh4 Ld4 13. Lf3 Db4 14. Lxf6! Txf6 15. Tb1 +=.

7. Le2 fxe4 8. dxe4

Auch 8. Sxe4 führt zu weißem Vorteil, z. B. 8. — Sxe4 9. dxe4 Dh4 10. 0-0! 0-0 11. Lf3 Le6 12. De2 Tae8 13. g3! De7 14. Lg2, und nun scheitert das geplante 14. — Ld5 an 15. Le3!.

8. — De7 9. 0-0 0-0 10. Lf3 De5 11. g3 Lh3 12. Lf4 De7

Viel besser ist hier 12. — De6! 13. Te1 Tad8 14. De2 Sg4! mit chancenreichem Spiel für Schwarz. Weiß sollte daher zunächst 11. De2 (statt 11. g3) spielen, und nach 11. — Ld6 12. g3 Lh3 13. Lg2 bzw. 11. — Le6 12. g3 Lh3 13. Te1 sollte der Nachziehende keine ausreichende Kompensation für den Minusbauern besitzen.

13. Te1 Tad8 14. De2 b5 15. Ted1 Sd7 16. Lg2

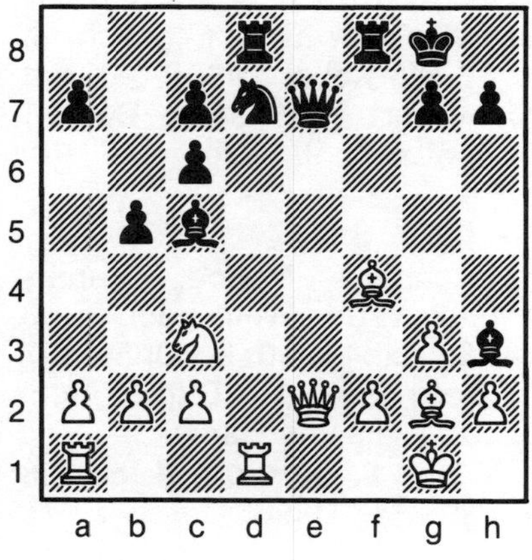

Zum Verlust führt das naheliegende 16. Lxc7??: 16. — Txf3 17. Dxf3 [17. Lxd8 Txf2!] 17. — Tf8 18. Lf4 Se5 19. Dh5 Lxf2† [20. Kh1 Lg4!] 20. — Dc5†.

16. — Lxg2 17. Kxg2 Se5 18. Txd8 Txd8 19. Td1 Txd1 20. Dxd1 Ld6 21. b3 a6 22. Lxe5 Lxe5 23. Se2 Dd6 24. Dxd6 cxd6 25. f4

Weiß hatte in Gebuhr — Walther, Fernpartie 1976, das bessere Endspiel.

C 5. — De7

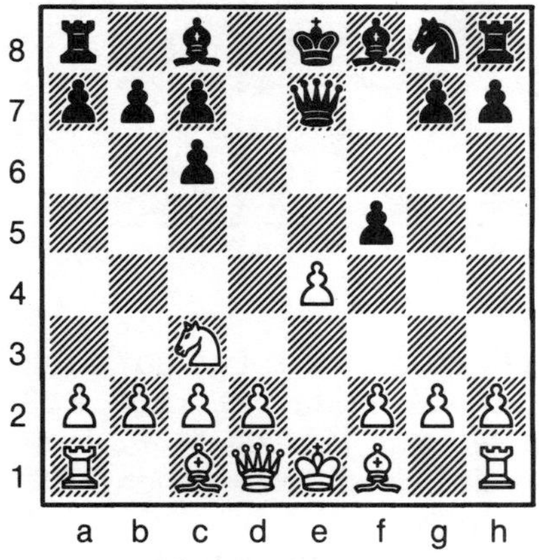

Von Kapitaniak empfohlen, aber für Weiß ohne größere Probleme.

6. d3

Weiß hat noch folgende Möglichkeiten:

1) 6. Le2 fxe4? 7. 0-0 Sf6 8. d3! Lf5 9. dxe4 Sxe4 10. Sxe4 Lxe4 11. Te1 Td8 12. Ld2 ±, Purins — Harju, Fernpartie 1984. Auch 6. — Sf6 7. d3 Le6 8. Lg5 Dd6 (8. — h6 9. Lh5† +=) 9. Dd2 0-0-0 10. 0-0-0 gibt dem Weißen Vorteil.

2) 6. De2 Sf6 7. e5 Sd5 (Auch

7. — Sg4 kann nicht überzeugen.) 8. g3! Le6 9. Lg2 0-0-0 10. 0-0 g5 11. d4 h5 12. Sa4! Dg7 13. Td1 Tg8 14. Sc3 Sf4?! 15. gxf4 gxf4 16. Df3 Lc4 17. a3! ±, Jean — Destrebecq, Fernpartie 1981.

6. — Sf6 7. Df3

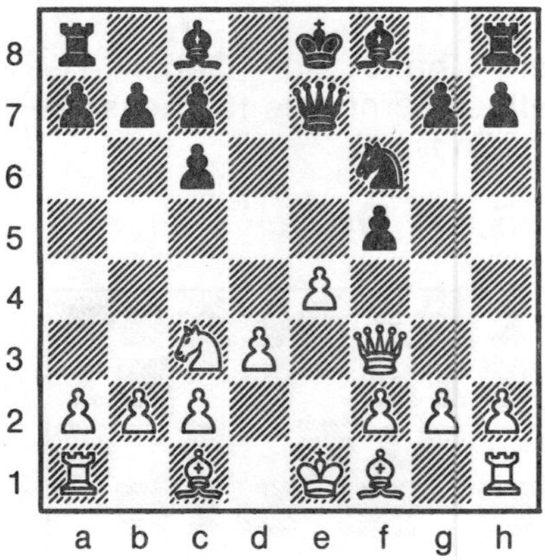

Nicht so gut ist 7. Lg5 Ld7 8. d3 0-0-0 9. Le2 h6 10. Le3? Kb8 11. 0-0 g5! 12. De1 f4 ∓, Janikowski — Kapitaniak, Polen 1979.

7. — fxe4

In Gebuhr — Ballard, Fernpartie 1976, ergab 7. — g6 nach 8. Le2 Lg7 9. 0-0 0-0 10. De3! Sg4 11. Lxg4 fxg4 12. d4 Le6 13. b3 Tf7 14. Lb2 Ld6 15. d5! klaren weißen Vorteil. Auch mit 7. — Ld7 konnte Schwarz in Tiemann — Jackson, Fernpartie 1987, nach 8. Le2 0-0-0 9. exf5 De5 10. Lf4 Dxf5 11. 0-0-0 Lb4 12. Ld2 Dg6 13. Kb1 Thf8 14. De3 Kb8 15. Lf3 Tde8 16. Dd4 c5 17. Dc4 Df7 18. Dxf7 Txf7 19. h3 Tfe7 20. The1 keinen Ausgleich erzielen.

8. dxe4 Lg4 9. Df4 0-0-0 10. f3 Le6 11. Ld3 h6 12. De3 Kb8 13. b3 Db4 14. Lb2 Ld6 15. 0-0-0 Thf8 16. Sa4 Sd5 17. Df2!

und Weiß gewann in Fiorito — van Eijk, Fernpartie 1982.

D 5. — fxe4

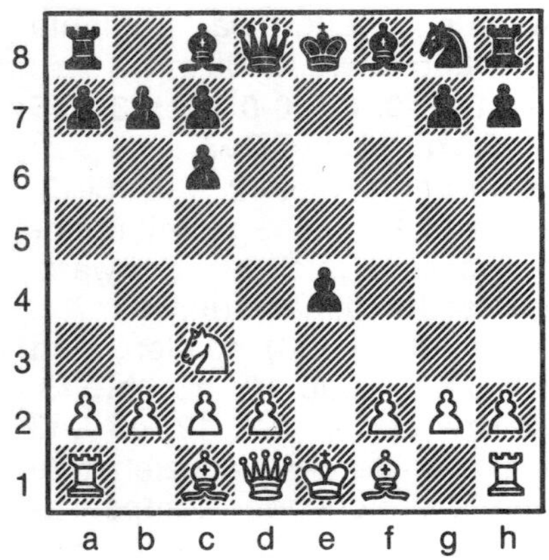

Auch dieser Versuch ist nicht ausreichend.

6. De2

Möglich ist auch 6. Dh5† g6 7. De5† De7 8. Dxe7† (Nach 8. Dxh8? Sf6 nebst Le6, 0-0-0 und Lg7 verliert Weiß seine Dame.) 8. — Lxe7 9. Sxe4 Lf5 10. d3 +=.

6. — Lf5 7. Sxe4

In Horchner — Nobbe, Fernpartie 1982, verlor Weiß nach 7. d3 Lb4 8. dxe4 Le6 9. Dh5† Lf7 10. De5† Se7 11. Dxg7? Sg6! 12. Ld2 Lf8 seine Dame.

7. — De7 8. d3 0-0-0 9. g3 Sf6 10. Lg2 +=.

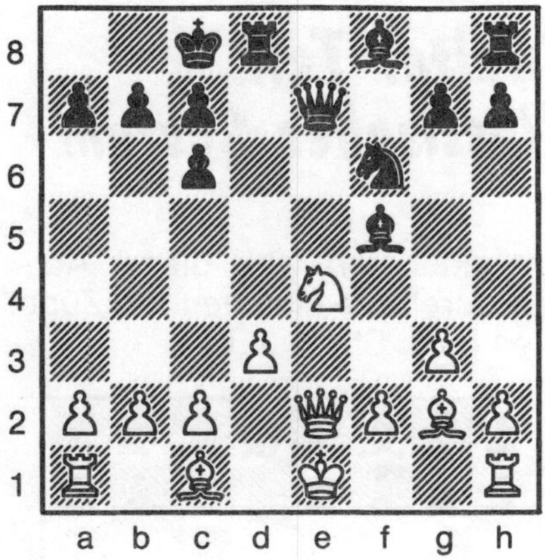

Drittes Kapitel (1. e4 e5 2. Sf3 f5 3. Sxe5)

In diesem Kapitel sollen seltenere Erwiderungen auf 3. Sxe5 betrachtet werden. Vorrangig ist dabei die „Löwenthal-Verteidigung" mit 3. — Sf6 untersucht worden. Dagegen werden die Fortsetzungen 3. — De7 und 3. — d6 nur „am Rande" beleuchtet.

I 3. — Sf6

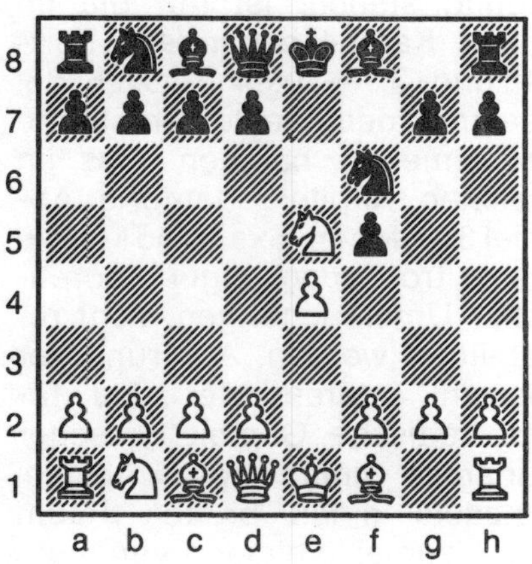

Dieser Zug wird Löwenthal zugeschrieben; heute setzt sich insbesondere Diepstraten sehr für diese Variante ein.

4. exf5 De7

Mit diesem Zug möchte Diepstraten der Variante neues Leben einhauchen. Auf 4. — d6 folgt 5. Sf3 Lxf5 6. d4 Le7 7. Ld3 Lg4 8. c3 Dd7 9. h3 Lh5 10. 0-0 0-0 11. Db3† Lf7 12. Dc2 mit weißem Vorteil.

5. De2 d6

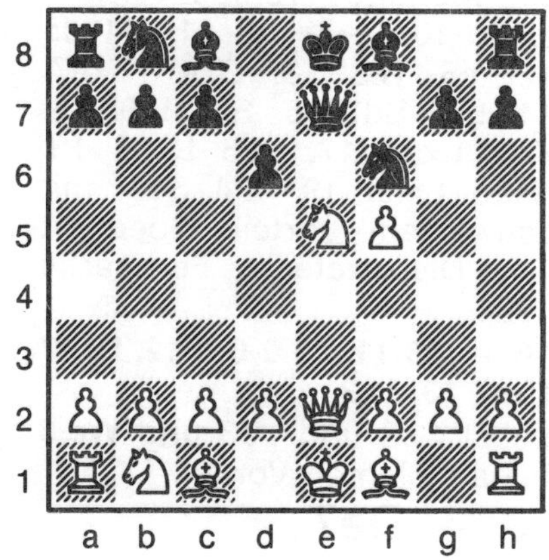

Der Anziehende hat in dieser Stellung zwei fast gleichgute Fortsetzungen:

a) **6. Sc4**

6. — Lxf5 7. Dxe7† Lxe7 8. Se3 Le6 9. d4 c6 10. c4 Sbd7 11. Sc3 Sb6 12. Ld3 0-0 13. 0-0 Sh5 14. g3 d5 15. cxd5 cxd5 16. Ld2 Lb4 17. f4 Sc4 18. Sxc4 dxc4 19. Le4 Tad8 20. Lxb7 Txd4 21. Le1 Tfd8 22. Sb5 T4d7 23. Lc6 Lc5† 24. Lf2 Lxf2† 25. Txf2 Td2 26. Te1 und Weiß konnte seinen Mehrbauern im Endspiel gewinnbringend verwerten, Tiemann — Diepstraten, Fernpartie 1985.

b) 6. Sf3 Lxf5 7. Sd4 Ld7!

Das Einschieben von 7. — Lg4 8. f3 Ld7 bringt eher dem Weißen Vorteile, z. B. 9. c4 Sc6 10. Sxc6 Lxc6 11. d4 0-0-0 12. d5 Ld7 13. Dxe7 Lxe7 14. Sc3 Lf5 15. Le3 Tde8 16. h4 Ld8 17. Kd2 a6 18. g4 Ld7 19. b4 Te7 20. Ld3 The8 21. Tae1 g6 22. h5 mit weißem Vorteil, Fiorito — Diepstraten, Fernpartie 1984.

8. c4 Sc6 9. Sxc6 Lxc6 10. d4!

Schlecht ist 10. f3, da Weiß ein wichtiges Tempo verliert, z. B. 10. — 0-0-0 11. d4 d5 12. c5 Te8 13. Dxe7 Lxe7! 14. Le2 Sd7 15. Sc3 Lf6! 16. Kd1 Lxd4 17. Lb5 Lxb5 18. Sxb5 Lxc5 19. Lf4 Se5! mit schwarzem Vorteil, Goedhart — Diepstraten, Fernpartie 1984.

10. — d5 11. c5 0-0-0 12. Dxe7 Lxe7 13. Le2

nebst Sc3 und Le3 und Weiß behält leichten Vorteil.

II 3. — De7

Dieser Zug kann nicht empfohlen werden. Weiß hat klaren Vorteil nach 4. Dh5† g6 5. Sxg6 Dxe4† 6. Le2 Sf6 7. Dh3 Tg8 8. Sc3 oder 7. — hxg6 8. Dxh8 Dxg2 9. Tf1 Kf7 10. Dh4 (Keres).

III 3. — d6

Auch dieser Zug ist unzureichend. Nach 4. Dh5† g6 5. Sxg6 Sf6 6. Dh3! (6. Dh4 würde dem Nachziehenden nur unnötige Chancen nach 6. — Tg8 7. Sxf8 Tg4 8. Dh6 De7 geben, Dr. Bullockus — Grobe, Fernpartie.) 6. — Tg8 (6. — hxg6 7. Dxh8 ist für Weiß hier sehr günstig.) 7. Sxf8 De7 8. d3! erhält Weiß klaren Vorteil.

Zweiter Teil: Klassisches System

Charakterisiert wird dieser Aufbau durch die einleitenden Züge 1. e4 e5 2. Sf3 f5 3. Lc4.

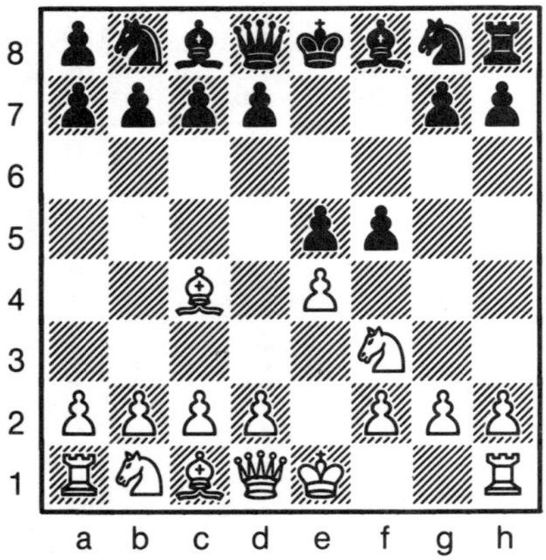

Der Anziehende folgt klassischen Prinzipien, indem er den Königsflügel rasch entwickelt und den Schwachpunkt in der schwarzen Stellung (f7) sofort unter Beschuß nimmt. Von den unterschiedlichen Kampfplänen, die dem Nachziehenden nun zur Verfügung stehen, ist nur die im ersten Kapitel behandelte Fortsetzung 3. — fxe4 4. Sxe5 d5! geeignet, dem Weißen ernsthafte Probleme zu bereiten. Das im gleichen Kapitel erläuterte Abspiel 3. — fxe4 4. Sxe5 Dg5 konnte bisher trotz ausgiebiger theoretischer Untersuchungen nicht rehabilitiert werden. Aufgrund der Vielzahl interessanter und für das Lettische Gambit typischer Varianten nimmt dieses Abspiel trotzdem einen breiten Raum ein — zumal in einigen Varianten wichtige Ergänzungen bzw. Berichtigungen vorgelegt werden. Im zweiten Kapitel wird das überscharfe 3. — b5 und im dritten Kapitel die Fortsetzungen 3. — Sc6, 3. — Sf6, 3. — d6, 3. — De7 und 3. — Df6 untersucht.

Erstes Kapitel (1. e4 e5 2. Sf3 f5 3. Lc4 fxe4)

I 1. e4 e5 2. Sf3 f5 3. Lc4 fxe4 4. Sxe5 Dg5

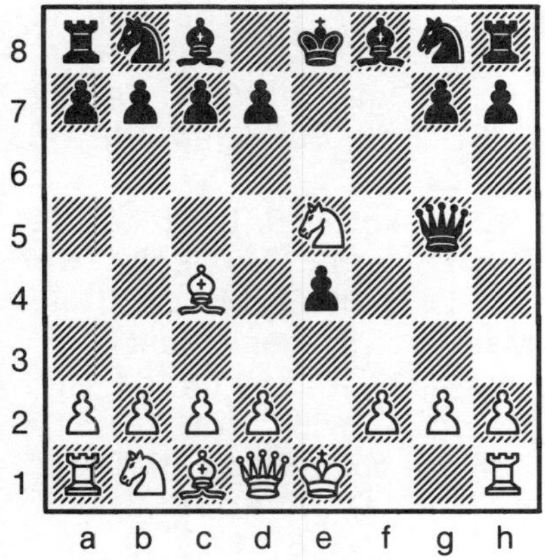

Galt lange Zeit als die beste Möglichkeit für den Nachziehenden. Es ergeben sich äußerst komplizierte Abspiele, in deren Verlauf sich der Unkundige leicht verirren kann, denn es gehört ein schönes Stück Arbeit dazu, in diese Fülle von Varianten und Stellungsbilder, die so recht dem Charakter des Lettischen Gambits entsprechen, den Einblick zu bekommen, der erforderlich ist, um für alle Eventualitäten gewappnet zu sein.

5. d4

Andere Fortsetzungen sind unbefriedigend: 5. Sf7 Dxg2 6. Tf1 d5 7. Sxh8 Sf6! 8. Lxd5 (Auch 8. Le2 Lh3 9. d3 Dxh2 10. dxe4 Lxf1 11. Lxf1 dxe4 12. Lc4 Lc5! 13. De2 Sc6 bzw. 8. Sc3 dxc4 9. Sd5 Sxd5 10. Dh5† g6 11. Dxd5 Df3 12. Tg1 Sc6 13. Tg3 Df5 geben dem Schwarzen klaren Vorteil.) 8. — Lh3 9. Lf7† Ke7 10. Lc4 (10. De2 Sc6 11. f4 Dxe2 12. Kxe2 Sxd4† 13. Kf2 Sg4† 14. Kg3 Lxf1 —+) 10. — Sc6 11. c3 (11. d4 Td8 12. Le3 Se5 13. De2 Sf3† 14. Kd1 b5! 15. Lxb5 Lg4 —+) 11. — Se5 12. De4 Sd3† 13. Lxd3 exd3, und Schwarz hat eine Gewinnstellung (Betins) oder 5. Lf7† Ke7 6. Lxg8 Txg8 7. Sg4 d5 =+.

5. — Dxg2 6. Dh5† g6 7. Lf7† Kd8!

Falsch wäre 7. — Ke7? wegen 8. Lg5† Sf6 (8. — Kd6 9. Sc4† Kc6 10. Sc3! +—) 9. Dh4 Dxh1† 10. Kd2 Lg7 11. Sc3 Dxa1 12. Lxf6† Lxf6 13. Sd5† mit Gewinn.

8. Lxg6

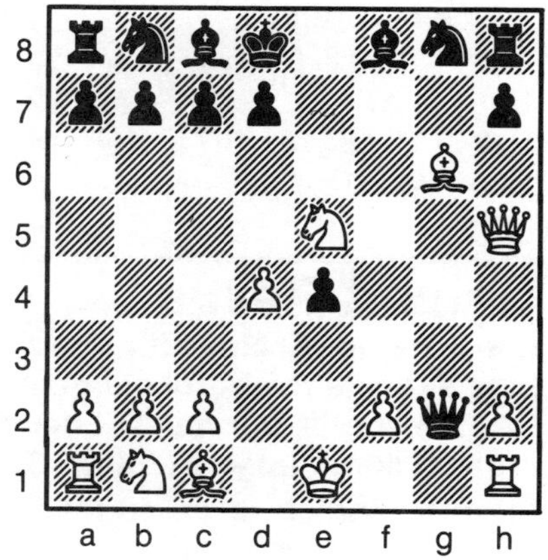

Andere Versuche mißlingen:

1) 8. Lg5† Le7 9. Lxg6 (9. Lxe7† Sxe7 10. Dh4 Dxh1† 11. Kd2 e3† —+, Gillis — Pupols, Fernpartie 1966) 9. — Lxg5 10. Sf7† Ke7 11. Sxg5 Sf6 12. Dh6 Tg8 13. Sc3 c6! 14. Sxh7 Dxg6 15. Sxf6 Dxf6 16. Dxf6 Kxf6 17. Sxe4† Ke7 =+.

2) 8. Sxg6? Dxh1† 9. Ke2 (9. Kd2 Lh6† 10. Kc3 hxg6 —+) 9. — Df3† —+.

3) 8. Dg5† Dxg5 9. Lxg5† Le7 10. Ld5 Lxg5 11. Sf7† Ke7 12. Sxg5 Sf6† ∓, da 13. Lxe4 an h6! mit Figurenverlust scheitert.

8. — Dxh1†

Alles andere ist unzureichend:

1) 8. — Sf6 9. Sf7† Ke8 10. Sxh8 hxg6 11. Dxg6† und gewinnt.

2) 8. — hxg6 9. Lg5† Le7 10. Dxh8 Dxh1† 11. Ke2 Lxg5 12. Dxg8† Ke7 13. Df7† Kd6 14. Dxg6† Ke7 15. Dxg5† mit deutlichem Vorteil.

3) 8. — d6 9. Sf7†! Ke7 (9. — Kd7 10. Df5† Kc6 11. Dxe4† oder 10. — Ke7 11. Dg5† und gewinnt.) 10. Dg5† mit klarem weißem Vorteil.

4) 8. — Lb4† 9. Ke2 Dxh1 10. Lg5† Le7 11. Sf7† Ke8 12. Sxh8† Kd8 13. Sf7† Ke8 14. Se5† Kd8 15. Dxh7 +—.

9. Ke2

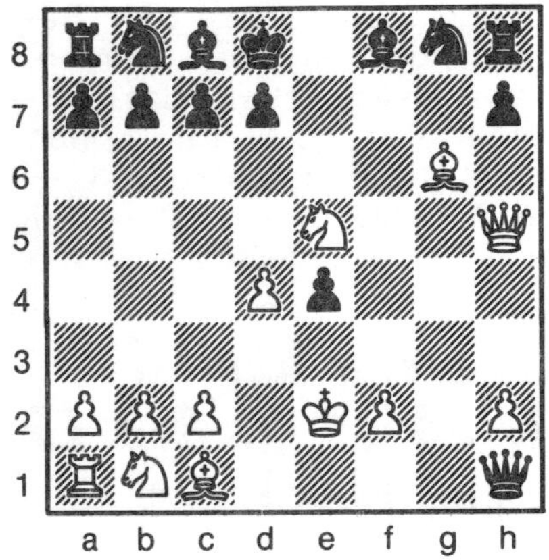

9. — c6

Andere Fortsetzungen führen zu sofortigem Verlust:

1) 9. — Sf6? 10. Lg5 Le7 11. Sf7† ±.

2) 9. — Dg2? 10. Sf7† Ke8 11. Sd6† Kd8 12. Lxe4 Sf6 13. Lg5 ±.

3) 9. — hxg6? 10. Lg5† Le7 11. Dxh8 Lxg5 12. Dxg8† Ke7 13. Df7† Kd8 14. Sc3!! mit Matt oder Damenverlust.

4) 9. — d6? 10. Sc3 Le7 11. Sf7† Ke8 12. Sxd6† Kd8 13. Sf7† Ke8 14. Sxh8 hxg6 15. Dxg6† Kd7 16. Df5†! Kd8 17. Dd5† Ld7 18. Dxg8† Le8 19. Sf7† Kd7 20. Dg4† mit Gewinn für Weiß (Keres).

5) 9. — Dxc1?! 10. Sf7† Ke8 11. Sxh8†

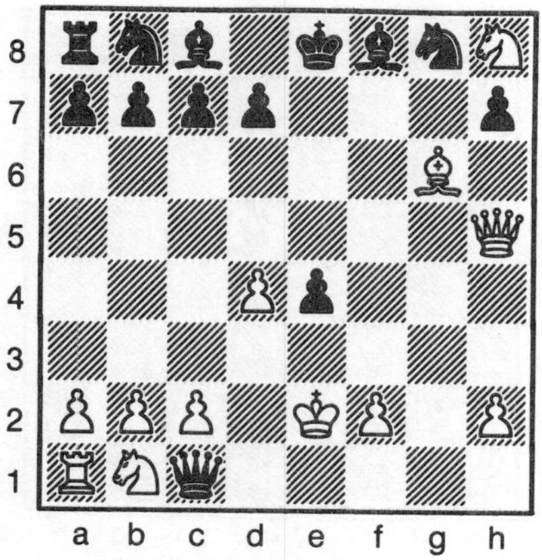

(11. Sd2!? Dxb2 12. Sxh8† hxg6 13. Dxg6† Kd8 14. Dxg8 Db5† 15. Ke3! Df5 16. Tg1 c5 17. Sf7† Ke7 18. Tg5 Dh3† 19. Ke2 Sc6 20. d5 d6 21. Sxd6 Le6 22. dxe6 Sd4† 23. Kd1 Kxd6 24. Df7! ± — Keres) 11. — hxg6 12. Dxg6† Kd8 13. Sf7† Ke7 14. Sc3 Dxc2† 15. Ke1 d6 (15. — c6 16. Sd6! Sf6 17. Dg5! Kd8 18. Dxf6† Le7 19. Dh8† Kc7 20. Sd5† cxd5 21. Dxc8† Kxd6 22. Dxc2 Sc6 23. Dc3 Tg8 24. Ke2 Lf6 25. Td1 +—, oder 15. — Sf6 16. Se5 c6 17. Df7† Kd8 18. Dxf8† Kc7 19. Sf7! +—) 16. Sd5† Kd7 17. Dxg8 (Auch 17. Df5† Ke8 18. Dxc8† Kxf7 19. Sxc7 ist zu beachten.) 17. — Dxb2 18. Td1 Le7 19. Dg4† Ke8 20. Dxc8† Kxf7 21. Df5† Ke8 22. De6 Sc6 23. Sf6† Kf8 24. Dg8 und Matt, oder 18. — c6 19. Se5†! dxe5 20. Df7† Kd6 21. dxe5† Kc5 22. Df8† +—, oder 18. — e3 19. fxe3 Dxh2 20. Dxf8! Dh1† 21. Ke2 Dg2† (21. — Dxd5 22. Se5† dxe5 23. dxe5 Dxd1† 24. Kxd1 Sc6 25. Df7† Kd8 26. e6 +—) 22. Kd3 Dxd5 23. Dd8† Kc6 24. Tc1† Kb5 25. Tc5†! mit Gewinn für Weiß.

10. Sc3!

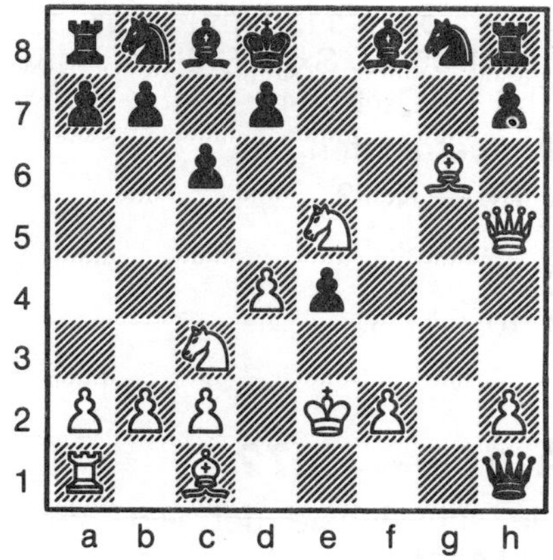

Andere Fortsetzungen geben nur dem Nachziehenden Chancen:

1) 10. Dg5† (10. Sd2? e3! ∓) 10. — Le7 11. Sf7† Kc7 12. Lf4† Kb6 13. De5 d6! 14. Sxd6 Lg4† 15. Kd2 Dd1† 16. Kc3 Lxd6 17. Dxd6 Df3† 18. Kb4 Sa6† 19. Ka4 hxg6 20. Sd2 De2 21. c4 Th5! 22. b4 Tb5! 23. Tb1 Tc8 24. cxb5 Dxb5† 25. Kb3 Le2 —+, Krustkains — Purins.

2) 10. Sf7† Kc7 11. Lf4† d6 12. Dh4 (12. Sxd6 hxg6!, Heil — Reimen, 1956.) 12. — Df3† 13. Ke1 (13. Kd2 Dxf4† 14. Dxf4 hxg6 15. Dxe4 Sf6 16. Df4 Sg4 17. f3 Txh2† 18. Kc3 Tf2 19. Dg3 Se3! 20. Sa3 Tg2 21. Dh4 Sd5† 22. Kb3 Le7 23. Dh1 Sf4 nebst Le6† und gewinnt.) 13. — Le7 14. Lxd6† Kb6 15. Lxe7 hxg6 16. Sxh8 Lg4! 17. Lc5† Ka6 18. Sc3 e3! 19. fxe3 Dxe3† 20. Kf1 Lh3† —+, Kotek — Pupols, Fernpartie 1970, oder 11. De5†

d6 12. Dxh8 hxg6! 13. Dxg8 Dxc1 14. Dxf8 Lg4† —+, oder 11. Dh4 Df3† 12. Ke1 Le7 13. Lf4† Kb6 14. Lg5 hxg6 15. Sxh8 Lxg5 16. Dxg5 Df6! —+, oder 11. Sxh8 Lxg5 12. Lf4† d6 13. Sxg6 Sf6! 14. Da5† b6 15. Db4 Lg4† —+.

Nun betrachten wir

A 10. — Kc7?

B 10. — Sf6

C 10. — e3

D 10. — Dg2

A 10. — Kc7?

Die schwächste der vier Möglichkeiten.

11. Lf4!

Hier wurden noch zwei andere Züge erprobt — allerdings mit wenig Erfolg:

1) 11. Lxe4 Sf6! 12. Dh4 Sxe4 13. Lg5! Sxg5 (Aber nicht 13. — Sxc3† 14. bxc3 Dd5 15. Ld8† Kd6 16. c4 Dg8 17. c5† Ke6 18. Df6† Kd5 19. c4† nebst Matt.) 14. Txh1 Se6 mit unklarer Stellung oder 13. Sf7? Sxc3† 14. bxc3 Lxd6 15. Sxd6 Tf8! 16. Lf4 Txf4! 17. Dxf4 Dd5! —+.

2) 11. Sf7 Df3† 12. Kf1, und der Nachziehende hat die Wahl zwischen 12. — Dh1† mit Dauerschach oder 12. — hxg6 (Zemgalis) oder 12. — Dxh5 13. Lxh5 Sf6 14. Lg5! Lg7 15. Lf4† Kb6 16. Le2 a5 17. Sa4† Ka7 18. Lc7 Sd5 19. Ld6 b5 20. b4 axb4 21. bxa5 Sa6 22. Tb1 Lxd4 mit schwarzem Vorteil.

11. — Dxa1

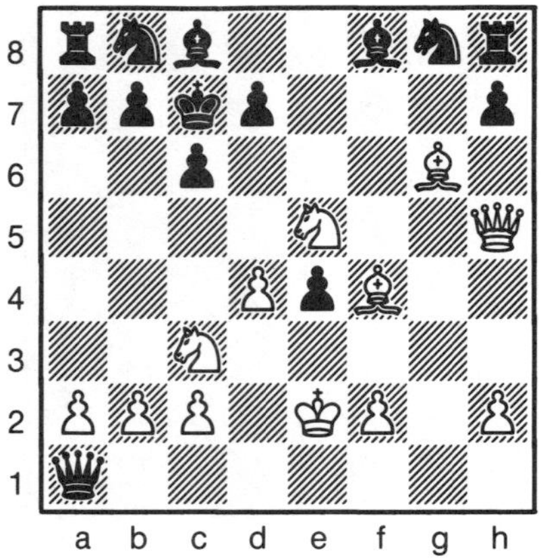

Sofort verliert 11. — hxg6? nach 12. Dg5! Le7 (12. — Dxa1†?? 13. Sf7† nebst Lc7† und Matt) 13. Sxc6† d6 14. Lxd6† Kd7 15. Se5† Kxd6 16. Sb5† Ke6 17. Dg4† +—, Grava — Kotek, Fernpartie, oder 14. — Kxc6 15. Dd5† Kd7 16. Lxb8† Ke8 17. Txh1 Txb8 18. De5 +—, oder 14. — Kxd6 15. Dc5† Kd7 16. Se5† Kd8 17. Sf7† Kd7 18. Dd5† Ke8 19. Txh1 Th5 20. Sd6† +—.

12. Sxd7!

Der Gewinnzug! Weniger gut sind:

12. Sb5† cxb5 13. Sc4† d6 14. Dc5† Kd8 15. Lg5† Le7 16. Dxd6† Ld7 17. Lxe4 Lxg5 bzw. 17. — bxc4 —+, oder

12. Sxc6† d6 13. Da5† b6 14. Sb5† Kxc6 15. Dc3† Kxb5 16. Lxe4 Lg4† 17. f3 Lxf3† 18. Lxf3 Dxa2 19. b3 d5 20. Ld2 Da3 =, Wilson — Ozols, Fernpartie 1968, oder

12. Sc4† d6 13. Sb5† cxb5 14. Dc5† Sc6 15. Lxd6† Kd8 16. Lxf8 Lg4† 17. f3 exf3† 18. Kf2 Dd1 19. Dd6† Ld7 20. Lf5 Dxd4† —+, v. Eckondt — Tomson, Fernpartie 1972.

12. — Ld6

Züge des schwarzen Königs verlieren sofort: 12. — Kd8 13. De5! hxg6 14. Dc7† Ke8 15. Dxc8† Ke7 16. Sxf8 Sd7 17. Dxd7†, Atars — Harju, Fernpartie 1971, oder 12. — Kxd7 13. Df5† Kd8 14. Dxf8† nebst Matt, Atars — Tomson, Fernpartie 1973.

13. Sb5† Kxd7

Nicht 13. — cxb5 wegen 14. Dc5† Kd8 15. Dxd6 hxg6 16. Lg5 +—, Salnins — Harju, Fernpartie 1971.

14. Sxd6

Zum Gewinn reicht an dieser Stelle auch 14. Lf5† Kd8 15. Dg5† Le7 16. Lc7† Ke8 17. Dh5† Kf8 18. Sd6 Lxd6 19. Lxd6† Kg7 20. Dg4† Kf7 21. Lxc8 mit den Drohungen Le6†, Dh5† und De6†.

14. — hxg6 15. Dxh8 Dxb2 16. Dh3†! Ke7 17. Dh7†

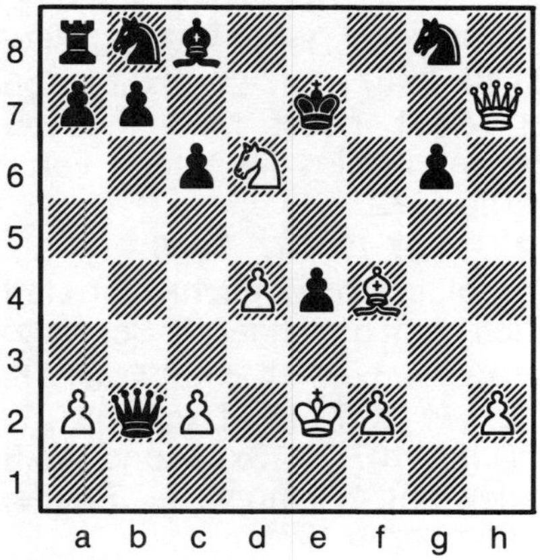

nebst Matt.

B 10. — Sf6

11. Dg5

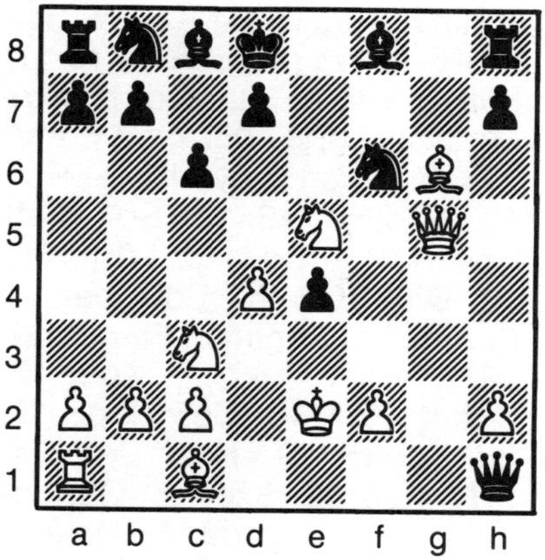

Der Gewinnzug. Sehen wir uns die Alternativen an:

1) 11. Sf7†? Kc7 12. Da5† b6 13. Sb5† cxb5 14. Lf4† d6 15. Dc3† Sc6 16. Txh1 Tg8! 17. Lxh7 b4! 18. Dd2 Sxh7 mit guten Chancen für Schwarz, Herbert — Pupols, Fernpartie 1968, oder 12. De5† d6 13. Dxf6 Df3† 14. Dxf3 exf3† 15. Lxf3 Tg8 ∓, Holecek — Gebuhr, Fernpartie 1974.

2) 11. Lg5?! Dxa1 12. Lxf6† Kc7 13. Sf7 Lb4! (13. — b5 14. Sxb5†) 14. Lxh8! hxg6 15. Dg5 b6 16. Se4! =, aber nicht 14. Dxh7 Lxc3! 15. bxc3 Tf8 16. Dh4 [16. d5!?] 16. — b5 17. Ld8† Kb7 18. De7 Txf7 19. Dd6 Sa6 20. Lxf7 Dxc3 ∓, Levy — Strobel, 1968.

3) 11. Dh4!? Le7 (11. — d6?! 12. Dxf6† Kc7 [12. — Le7 13. Dxh8† Kc7 14. Lxe4 Dxh2 15. Sf3 Lg4 16. Dg7 ±] 13. Lxe4! [13. Sf7 Df3†!] 13. — Dxh2 14. Lf4 ±) 12. Lg5! (In Schwibbe — Keffler folgte 12. Lf4

und nach 12. — Dxa1 13. Sf7† Ke8 14. Sd6† ein Dauerschach, Fernpartie 1971.) 12. — Dxa1 13. Lxf6 b6! (13. — Lxf6 verliert nach 14. Dxf6† Kc7 15. Sc4 b6 16. De5†, z.B. 16. — f6 17. Sb5†! cxb5 18. Dd6† Kb7 19. Lxe4† Sc6 20. Lxc6† Ka6 21. Da3 matt bzw. 17. — Kb7 18. Scd6† Ka6 19. Sc7 matt bzw. 17. — Kd7 18. Lf5† Kd8 19. Df6† Ke8 20. Sd6 matt in Purins — Englitis, Fernpartie 1971, oder 16. — Kd8 17. Dxh8† Ke7 18. De5† Kd8 19. Sd6 La6† 20. Kd2 Dg1 21. Sf7† Kc8 22. Sxe4 ±, Gunderam — Budovskis, Fernpartie oder 16. — Kb7 17. Sd6† Kc7 18. Lxe4 Dg1 19. Scb5† cxb5 20. Sxb5† Kd8 21. Df6† Ke8 22. Sd6 matt in Holscher — Bosscher, Fernpartie 1974.) 14. Lxe7† Kc7 15. Sf7 d5 16. Dg3† Kb7 17. Sd6† Ka6 18. Sxd5 Lg4†! 19. Dxg4 cxd5 20. Lxe4 Sc6 21. Lxd5 Tae8! mit guten Chancen für den Nachziehenden, oder 16. Sxd5† cxd5 17. Dg3† Kb7 18. Sd6† Kc6 mit unklarer Stellung.

11. — Tg8

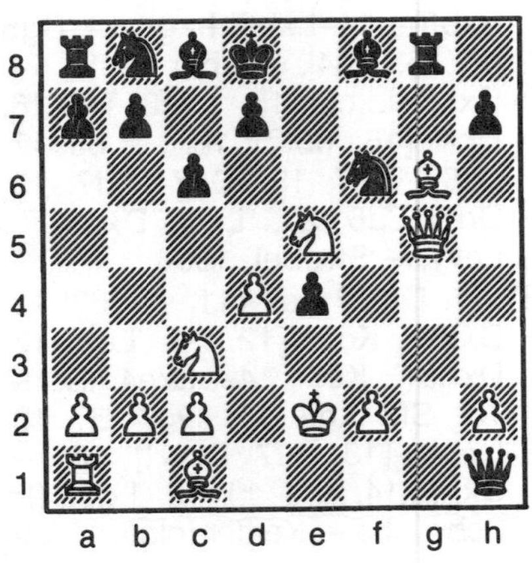

Andere Versuche brachten dem Schwarzen auch nichts Greifbares:

1) 11. — Ld6? 12. Dxf6† Kc7 13. Sxe4 b6 14. Dxd6† Kb7 15. Lf4 Dxa1 16. Sc5† bxc5 17. Sxd7 hxg6 18. Dc7† Ka6 19. Sxc5† Kb5 20. a4 ±, Atars — Niemand, Fernpartie.
2) 11. — d6 (siehe oben unter 11. — d6 bei Anm. 3) 11. Dh4!? (Kommentar zu 11. Dg5).
3) 11. — Ke7? 12. Lf4 Dxa1 13. Sxe4 Lg7 14. Sg4 Tf8 15. De5† ±, Keffler — Etienne, Fernpartie.
4) 11. — e3? 12. Dxf6† Kc7 13. Sf7 ±.
5) 11. — Le7 12. Lf4! Dxa1 13. Sf7† Ke8 14. Sd6† Kd8 15. Sxb7†! Lxb7 16. Da5† Kc8 17. Dc7 und matt.

12. Dxf6†

Ebenfalls gut spielbar ist auch 12. Lf4 Dxa1 13. Sf7† Ke8 14. Sd6† Kd8 15. Dxf6† Le7 16. Df7! Tf8 17. De8†! Kc7 18. Sf7† d6 19. Dxe7† Sd7 20. Dxd6† Kb6 21. Sd5† nebst Matt in zwei Zügen, Robins — Vitols, Fernpartie 1972.

12. — Le7 13. Df7! Txg6

Die folgenden Möglichkeiten sind auch nicht günstiger für Schwarz:

1) 13. — hxg6 14. Lg5! Dxa1 15. Lxe7† Kc7 16. Dxg8 b5 17. Dd8† Kb7 18. Sxe4, und Weiß gewinnt, Hempel — Priede, Fernpartie 1971.
2) 13. — Tf8 14. Dxf8†! Lxf8 15. Lg5† Kc7 16. Txh1 hxg6 17. Sxg6 Lg7 18. Lf4† d6 19. Ke3 Sa6 20. Sxe4 +—, Grava — Budovskis, Fernpartie 1970.

14. Lg5! Df3†

Unzureichend ist 14. — Dxa1 15. Dxe7† Kc7 16. Dd8† Kd6 17. Sc4†, Atars — Strat, Fernpartie.

15. Sxf3 exf3† 16. Kxf3 Lxg5 17. Se4 Le7 18. Dxh7 Te6 19. Tg1 b5 20. Tg8† Kc7 21. Te8 +—, Pupols — Dreibergs, Fernpartie 1956.

C 10. — e3!? (Dreibergs)

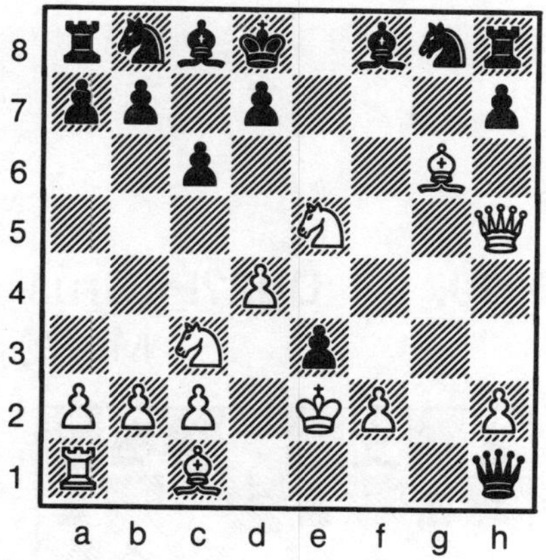

11. Lxe3

Zwei weitere Fortsetzungen wurden bisher erprobt:

1) 11. Le4 (11. Kxe3? Lh6† —+) 11. — Dg1 12. Lxe3 Dxa1 13. Sf7† Kc7 14. Dg5! (Aber nicht 14. Sxh8? Dxb2 15. Lf4† d6 16. Df7† Sd7 17. Dc4 Sgf6 18. Ld3 b5! —+, Ciprian — Schneider, Fernpartie 1974.) 14. — b5! (Dagegen führt 14. — b6? nach 15. Sb5† Kb7 16. Sd8† Ka6 17. Sc7 zum Matt.) 15. Sxb5† Kb6 mit unklarer Stellung.

2) 11. Sf7† Kc7 12. Lxe3 (12. Le4 Dg1 13. Dh4 Le7! —+) 12. — Dxa1 13. Lf4†? (Richtig ist 13. Dg5 mit Übergang in die Hauptvariante.) 13. — d6 14. Dg5 Lg4†! 15. Dxg4 hxg6 16. Sxh8 (16. Dxg6 Th6! 17. Dxg8 Te6† —+) 16. — Sd7 17. Dxg6 Sgf6 18. Kd2 Te8 —+, Benner — Dreibergs, Fernpartie 1963.

11. — Dxa1 12. Dg5†

Auf keinen Fall 12. Lg5†?, denn nach 12. — Kc7 13. Sf7 b6 14. Ld8† Kb7 15. De5 Sa6 16. Sb5 Tb8 17. Ld3 Dxa2 18. Sbd6† Ka8 19. Se8 De6 gewann Schwarz in Murray — Pupols, 1966.

12. — Kc7

Die Alternative 12. — Le7 ist unzureichend wegen 13. Sf7† Kc7 14. Lf4† Kb6 15. Sa4† Ka6 16. Lc7! b5 17. Dxe7 d6 18. Dxd6 Lg4† 19. f3 mit Gewinn in Gorrito — Perez, Fernpartie 1985, oder 14. — d6? 15. Lxd6† Lxd6 16. Dd8 und Matt. Nicht so klar sind die bisher angegebenen Gewinnvarianten:

1) 16. Sc5† Lxc5 17. Ld3† b5 18. Dxc5 Dxa2! mit unklarer Stellung. Dagegen verliert 16. — Kb6 nach 17. De5 d6 18. Sxd6 Lg4† 19. f3 Lxf3† 20. Kxf3 Dh1† 21. Ke2 Dg2† 22. Ke3! +—.

2) 16. Ld3† b5 17. De5 Dxa2! 18. b3 (18. Dc7 Sf6 19. Sxh8 Dg8 20. Sf7 Sd5 21. De5 d6 ∓) 18. — Sf6!, und Schwarz scheint in Vorteil zu sein, z. B.

   a) 19. Sd6 Lxd6 20. Dxd6 Sd5 ∓ bzw. 20. Lxb5† Kb7 21. Sc5† Kb6 22. Dxd6 Dxc2† 23. Kf3 Kxb5 ∓.

   b) 19. Sxh8 Sd5 20. Ld2 d6 21. Lxb5† Kxb5 ∓.

   c) 19. Sc3 Da5 20. Sxh8 Lb4! 21. Dxf6 Lxc3 22. Df8 Kb7 23. Sf7 Lb5 24. Ld6 Sa6 ∓.

13. Sf7

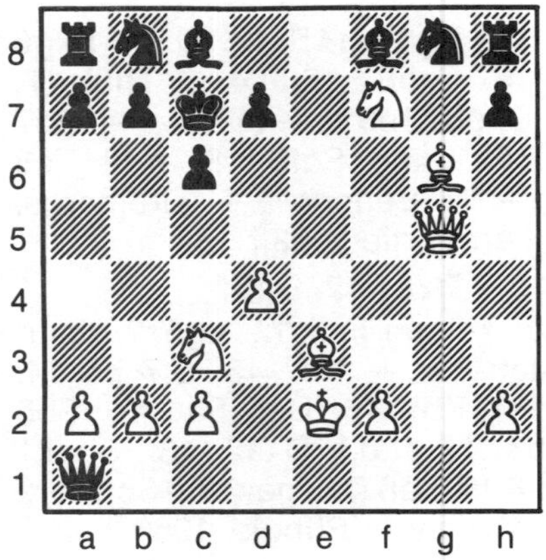

13. — b6

1) 13. — b5 14. Dd8† Kb7 15. Se4 Sf6 16. Da5! Sa6 17. Sd8† Kb8 18. Lf4† d6 19. Sxc6† und Weiß gewann in Grava — Alberts, Fernpartie 1968. Wegen 14. Sxb5† siehe Partie Nr. 8.

2) 13. — Le7 14. Lf4† Kb6 15. Sa4† Ka6 16. Lc7! führt zur Variante nach 12. — Le7.

14. Dd8† Kb7 15. Dxf8 hxg6

Auch 15. — Dxb2 ist nicht besser, z. B. 16. Sd6† Ka6 17. Ld3† Ka5 18. Sc4† +— bzw. 16. — Kc7 17. Dxc8† Kxd6 18. Lf4† Ke6 19. De8† nebst Matt.

16. Sd8†!

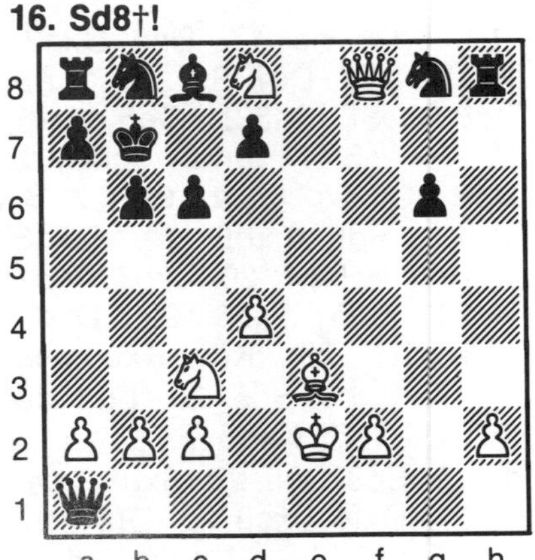

16. — Ka6 17. Da3 matt.

Diese Möglichkeit, erstmals von Crusi More angegeben, wurde bisher übersehen. Man war der Ansicht, daß Weiß nach 16. Sd6† Kc7 17. Lf4 La6† 18. Kd2 Df1 mit Dauerschach durch Sf7† und Sd6† zufrieden sein müßte.

D 10. — Dg2?! (Crusi More)

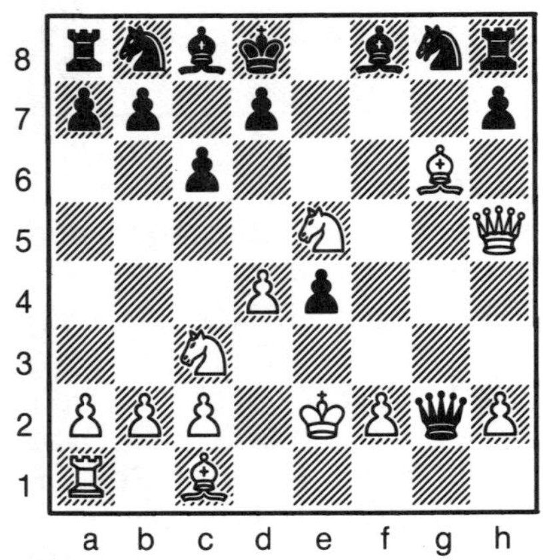

11. Lg5†!

Das bisher angegebene 11. Lf4? scheitert an 11. — d6 12. Sf7† Kc7 13. Dh4 Dg4†! —+.

11. — Le7

Auf 11. — Kc7 folgt 12. Lxe4 +—.

Trotz vieler schöner Varianten kann 4. — Dg5 für Schwarz nicht mehr empfohlen werden.

II 1. e4 e5 2. Sf3 f5 3. Lc4 fxe4 4. Sxe5 Sf6 (Ortiz)

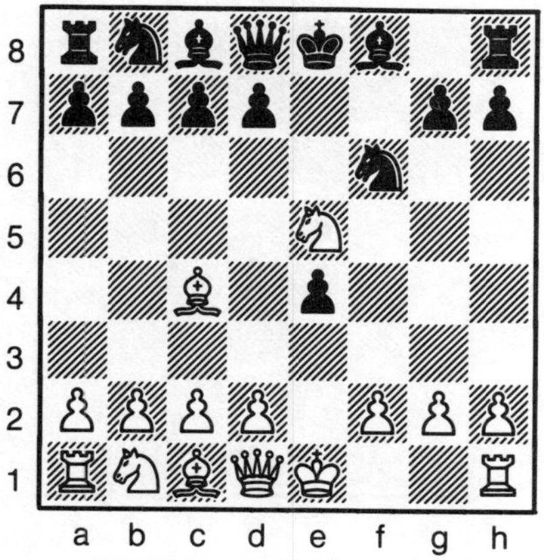

Ein selten gespielter Zug, der dem Anziehenden keine ernsten Schwierigkeiten bereitet.

5. Sf7

Möglich ist auch 5. d4 d5. Eine Stellung, die auch über 3. Lc4 Sf6 4. d4 fxe4 5. Sxe5 d5 bzw. 3. d4 fxe4 4. Sxe5 Sf6 5. Lc4 d5 entstehen kann. Entsprechende Varianten siehe drittes Kapitel zu 3. Lc4.

5. — De7 6. Sxh8 d5 7. Le2! Sc6 8. d3

Auch 8. Lh5† gibt dem Weißen gutes Spiel nach 8. — g6 9. Lxg6†! (aber nicht 9. Sxg6? hxg6 10. Lxg6† Kd8 11. Lh5 Se5 12. 0-0 Dh7 13. Le2 Ld6 14. g3 Dh3 15. f3 Seg4 —+, Morillo — Ortiz, Fernpartie 1970) 9. — hxg6 10. Sxg6 Dg7 11. Sh4 Dg5 12. g3 Lg4 13. d4 +—.

8. — Lf5 9. Lg5!?

Einfacher ist vielleicht 9. dxe4 Sxe4 10. Dxd5 Td8 11. Df7†! (11. Dxf5 ist nach 11. — Sd4 12. Df7†! Dxf7 13. Sxf7 Sxc2† 14. Kf1 Kxf7 15. f3 Sc6 16. Sc3 Sxa1 17. Lf4 Sd5 weniger überzeugend.) 11. — Dxf7 12. Sxf7 13.Kxf7 13. Le3 +=.

9. — 0-0-0 10. Sc3

mit weißem Vorteil.

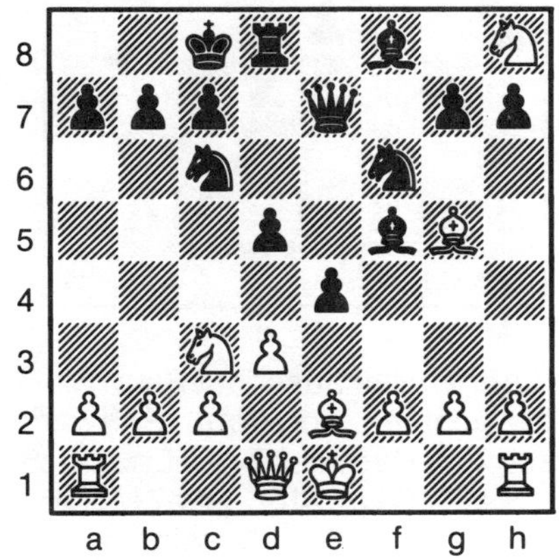

1. e4 e4 2. Sf3 f5 3. Lc4 fxe4 4. Sxe5

III 4. — d5! (Svendenborg)

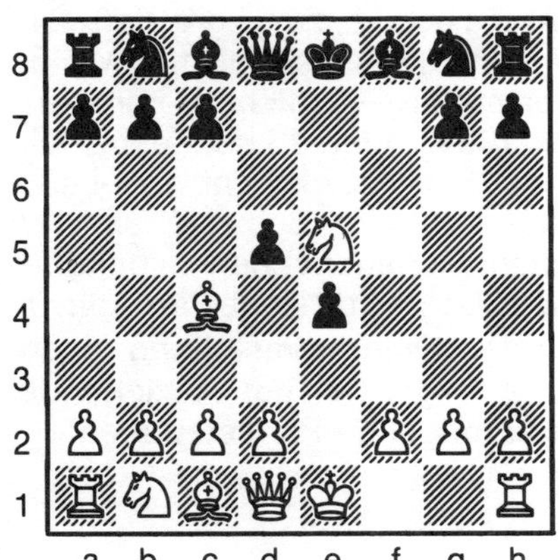

Nur mit dieser Fortsetzung kann der Nachziehende das dem Gambitcharakter entsprechende chancenreiche Gegenspiel entfalten.

5. Dh5† g6 6. Sxg6 hxg6!

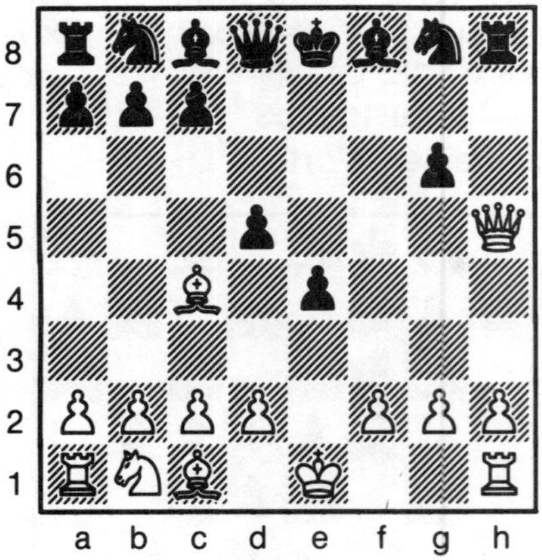

Früher wurde ausschließlich 6. — Sf6 gespielt, obwohl Schwarz nach 7. De5† Le7 8. Lb5†! c6 9. Sxe7 Dxe7 10. Dxe7† Kxe7 11. Le2 Tg8 12. g3 keine Kompensation für den Minusbauern zu haben scheint. Allerdings muß Weiß sehr sorgfältig spielen, z. B. 12. — c5 13. b3 Lf5 14. La3 Kd6 15. d4 exd3 16. cxd3 Sc6 17. Sc3 Sd4 18. Kd2 Tae8 19. Tae1 Sg4 20. Sd1 Se5 21. Se3 Lg6 22. Tc1 Sd7 23. Lg4 Se6 24. f4 mit gutem Spiel für Weiß, Borrmann — Littleboy, Fernpartie 1984, oder 13. d3 exd3 14. cxd3 Sc6 15. Sa3! a6 16. Le3!, und es sollte Schwarz schwer fallen, Gegenchancen zu bekommen. Zu 16. Ld2 siehe Partie Nr. 9!

In der Diagrammstellung nach 6. — hxg6! hat der Anziehende zwei mögliche Fortsetzungen:

A 7. Dxg6†
B 7. Dxh8

A 7. Dxg6†

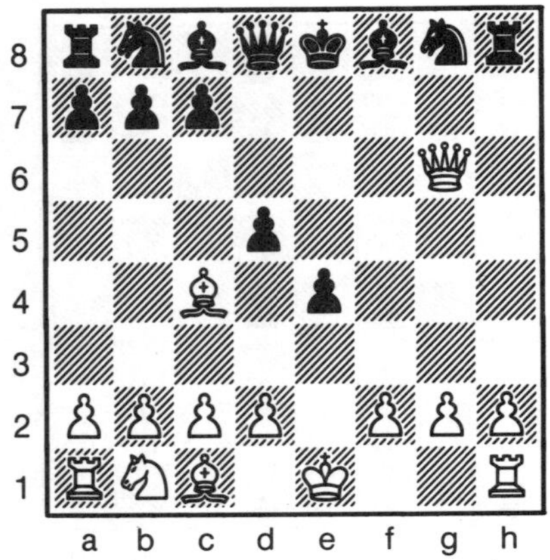

7. — Kd7!

Weniger gut ist 7. — Ke7?! 8. d4!, und nun

1) 8. — Dd6 9. Lg5† Kd7 (9. — Sf6? 10. Sc3 c6 11. Sxe4 dxe4 12. Df7† Kd8 13. Lxf6† nebst Lxh8 oder 10. Lxd5 Th6 11. Df7† Kd8 12. Sc3 De7 13. 0-0-0 Dxf7 14. Lxf7 Th7 15. Lxf6† mit klarem Vorteil für Weiß in beiden Fällen.) 10. Df5† Kc6 11. Dxc8! dxc4 12. Sc3 Se7 13. d5† Kb6 14. Le3† Ka6 15. Dg4 ±, Bet — Halazs, Fernpartie 1974.
2) 8. — Lh6 9. Lxh6! Txh6 10. Dg5† Tf6 11. Lxd5, oder 9. — Sxh6 10. Dg5†, und Weiß hat in beiden Fällen gutes Spiel.

8. Lxd5

Unzureichend ist 8. Df5†? Kc6 9. Lxd5† Dxd5 10. Dxf8 Lf5! 11. Sc3 De5 12. b4? (Erforderlich war 12. Df7) 12. — Se7 13. b5† Kd7 mit Gewinn in Ballon — Leisebein, Fernpartie 1981.

8. — Sf6

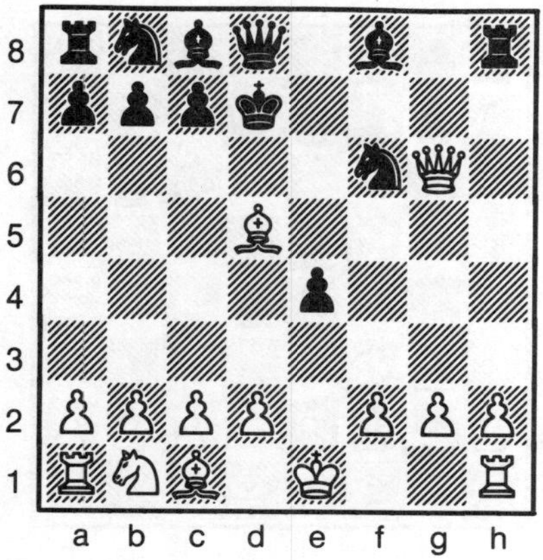

9. — Sc3!

Mit 9. Lxe4 gibt Weiß alle Chancen aus der Hand: 9. — De7! 10. d3 Tg8 11. Df5† Kd8 12. Df3 Sc6,

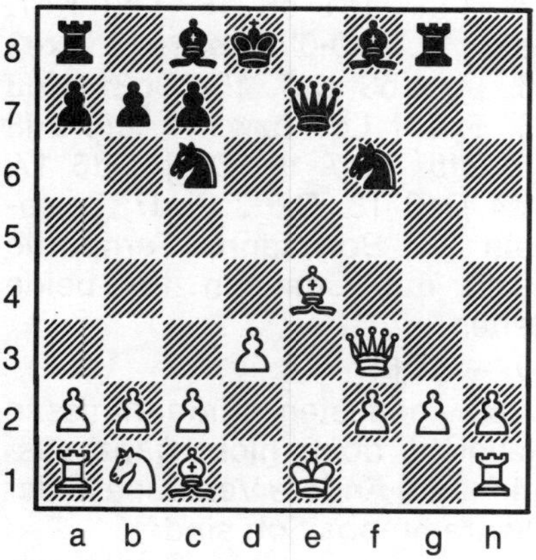

und nun:

1) 13. Le3?? Lg4 nebst Sh5 mit Damengewinn.
2) 13. Sa3? Se5 14. De3 Sxe4 15. Dxe4 Txg2 16. Le3 Db4†!, Tiemann — Rasmussen, Fernpartie 1975, bzw. 14. De2 Sxe4 15. dxe4 Txg2 16. h4 Lg4!? 17. Lg5 Lxe2 18. Lxe7† Lxe7 19. Kxe2 Lc5 20. Taf1 Ke7 21. h5 Tf8 22. h6 T8xf2† 23. Txf2 Txf2† 24. Kd1 Lxa3 25. bxa3 Sg6, Rogalski — Tiemann, Fernpartie 1987, mit schwarzer Gewinnstellung in beiden Fällen.
3) 13. 0-0? Sd4 14. Dd1 Lh3 15. Te1 Lxg2 16. Lxg2 Dg7 17. Te8† Kxe8 18. Df1 Sxc2 —+.
4) 13. c3 Se5 14. De3 Sxe4 15. dxe4 Txg2∓, oder 14. Dd1 Ke8 15. 0-0 Sxe4 16. dxe4 Lg4 17. Dd5 Dg7! 18. Lf4 Sf3†! 19. gxf3 Le6† 20. Dg5 Df6 21. Dxg8 Lxg8, Fiorito — Tiemann, Fernpartie 1978, bzw. 15. g3 Sxe4 16. dxe4 Lg4 17. Da4† c6 18. Le3 Sd3† 19. Kd2 Td8, Fiorito — Tiemann, Fernpartie 1982, mit Gewinn für Schwarz in beiden Partien.

Auch 10. Sc3 (statt 10. d3) ergibt nach 10. — Tg8! 11. Df5† Kd8 12. Df3 Sc6 13. 0-0 Se5 14. De3 Sfg4 15. Dd4† Ld7 16. d3 Sxh2! in Naeter — Leisebein, Fernpartie 1982, eine Gewinnstellung für den Nachziehenden. Dagegen erhielt Weiß in Enklaar — Andersen nach dem von Svedenborg empfohlenen 10. — Kd8 eine klare Gewinnstellung: 11. Dg5 Lh6 12. Dg6 Lf4 13. d3 Tg8 14. Dxg8!! Sxg8 15. Lxf4 c6 16. h4 Df8 17. Lg5† Kc7 18. h5 Sh6 19. 0-0-0 Sd7 20. Tde1 Sc5 21. Lg6 Se6 22. Ld2 Ld7 23. Te4 Sf5 24. h6 Df6 25. Tg4 Sd6 26. h7 Sd4 27. Tgh4 Th8 28. Le3 S4f5 29. Lxf5 Sxf5 30. Lf4† Kb6 31. Th5 Sd4 32. Sa4†.

9. — De7

Früher wurde von einigen Theoretikern 9. — Sxd5 empfohlen,

aber Schwarz verliert nach 10. Sxd5 Th6 11. Df7† Kd6 sofort wegen 12. Sxc7!

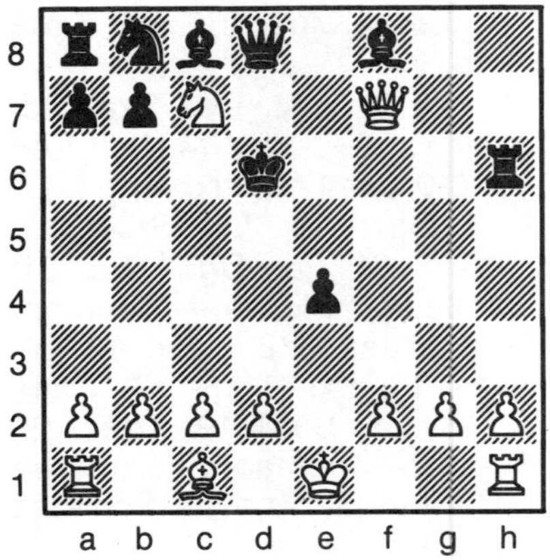

Z. B. 12. — Sd7 13. Sxa8 Sf6 14. d3 Th7 15. Lf4† Kc6 16. Dc4† Kd7 17. Sc7 Ke7 18. Lg5†, Tiemann — Dr. Grabner, Fernpartie 1978, oder 12. — Tf6 13. Se8† Ke5 14. d4† exd3 15. f4† Kf5 16. g4† (Analyse).

Auch 11. — Kc6 (statt 11. — Kd6) ist nicht ausreichend, z. B. 12. Sxc7 Tf6! 13. Dc4† Lc5 14. Sxa8 Txf2 15. Dxe4† bzw. 14. — Le6 15. Dc3 Txf2 16. b4 Sd7 17. La3! Lg4 18. b5†!. Dagegen ergab in Alloin — Rogalski, Fernpartie 1986, 17. bxc5 nach 17. — Txg2 18. La3 Lg4 19. Kf1 Te2 20. Dd4 Df8† 21. Kg1 Df3 22. Da4† Kd5 23. Db3† Dxb3 24. cxb3 Lh3! nur Ausgleich. Der Versuch 10. — c6 (statt 10. — Th6) war nach 11. Sf6† Kc7 12. Sxe4 in Keller — Gebuhr, Fernpartie 1976, ebenfalls nicht zufriedenstellend.

10. b3

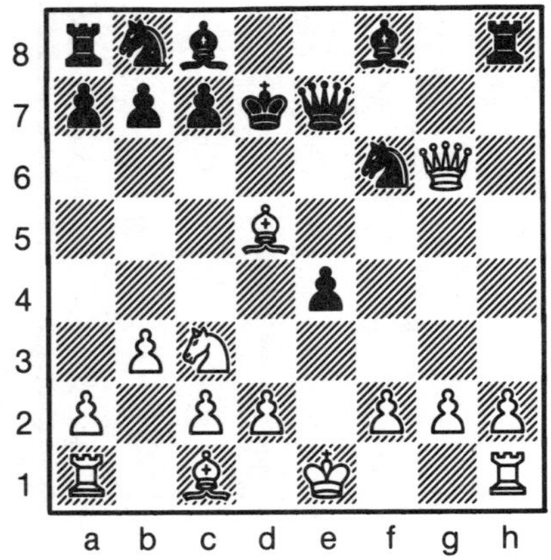

Zu beachten ist auch 10. d3!? exd3† 11. Le3 dxc2? 12. Dxc2 nebst 0-0-0 mit Angriffschancen für Weiß. Besser ist aber 11. — Lh6!, z. B. 12. 0-0 Lxe3 13. fxe3 Tf8 14. Tad1 c6 15. Lb3 Kc7, oder 12. 0-0-0! Lxe3† 13. fxe3 c6 14. Lb3 Kc7 15. Dg3† Kd8 16. Txd3† Ld7 bzw. 14. Lf3 Tg8 15. Df5† Kc7 16. Df4† Dd6 17. Dc4 De6 18. Dxd3 Sbd7, Leisebein — Borrmann, Fernpartie 1985, mit Chancen für beide Seiten.

10. — Th6!?

Nach neuesten Erkenntnissen vielleicht doch nicht ganz ausreichend. Andere Versuche in der Diagrammposition sind:

1) 10. — Sa6? 11. La3 c5 12. 0-0-0 Sb4 13. Lc4 Th6 14. Dg3 Dd6 15. De3 a6 16. d4! Kc7 17. dxc5 Sxc5 18. Df4† Kc6 19. Kb1! Df5 20. Dd2 +—, Altena — Booy, Fernpartie 1976.

2) 10. — De5?! 11. Lc4! Sc6 12. Lb2 Kd8 (12. — b6? 13. 0-0-0 Le7 14. Sd5!, oder 13. — Th6 14. Df7† Le7 15. Sd5! bzw. 12. — Th6 13. Df7† Le7 14. 0-0-0 nebst Sd5, und in allen

Fällen mit weißer Gewinnstellung) 13. 0-0-0 Lf5 14. Df7 Le7 15. Sd5! +—.

3) 10. — c6!? — Ein neuer Versuch des Autors, dessen Aussichten Sie anhand der Partie Nr. 10 beurteilen können.

11. Df7!

Die Alternative ist 11. Dg3 Sc6! 12. Lxc6† Kxc6 13. Se2 Lg4! (Gewagter geschah in Criel — Tiemann, Fernpartie 1978, 13. — Dh7!? 14. Dc3†! Kd7 15. d3 Tg6 16. Dd4† Ld6 17. dxe4 De7 18. Sg3 Ke8 19. Lb2 Lc5 20. Dd3 Sg4 21. Ld4 Sxf2 22. Lxf2 Lxf2† 23. Kxf2 Dc5† 24. Ke1 Lg4 25. c4 Td8 26. Dc3, und mit 26. — Dg5 nebst Tgd6 und Td3 hätte Schwarz noch einige Gegenchancen erhalten können.) 14. Lb2 Lg7 15. Sd4† Kb6, oder 13. a4 Dh7! 14. De5 b6 15. d4 Tg6 16. Lg5 Ld6 17. Db5† Kb7 18. Lxf6 Txf6 19. De2 (19. 0-0-0? Txf2! mit Gewinn in Vogel — Diepstraten, Fernpartie 1984.) 19. — Lf5 20. 0-0-0 Tg8, und in beiden Fällen hat Schwarz gute Gegenchancen.

11. — Dxf7

Versucht wurde auch schon 11. — Sxd5 (11. — Lg7? 12. Le6†) 12. Dxd5† Td6 (12. — Ke8!? 13. Lb2 Sd7 14. Sxe4 c6 15. Dd4 Sf6 16. f3 Kf7 17. 0-0-0 Sd5 18. Tde1 Le6 19. h4 Kg8 20. Sg5 Sc7 21. g4 Dc5 22. Dxc5 Lxc5 23. Se4 Le7 24. h5! mit gutem Spiel für Weiß in Tiemann — Fiorito, Fernpartie 1983.) 13. Dc4 Te6 14. Lb2 Dc5 15. De2 b6 16. 0-0-0 Lb7 17. The1 Sa6 18. d3! Dg5† 19. Kb1 nebst dxe4 bzw. 13. — b6 14. Sb5! Tc6 15. Dd5† Ke8 16. La3 Dg7 17. 0-0 Lxa3 18. Sxa3, und in beiden Fällen hat Weiß gutes Spiel.

12. Lxf7

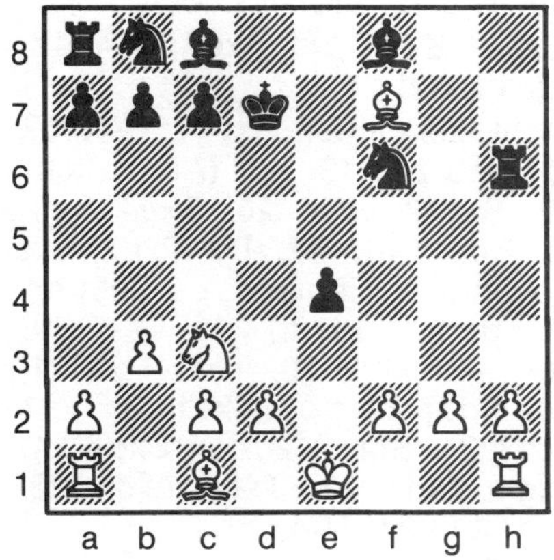

12. — Sc6

Hier wurde in letzter Zeit eine Idee des Autors, 12. — Lg7, in einigen Partien erprobt, z. B.

1) 13. La3? Sg4 14. Lc5? Tc6 —+, Alloin — Tiemann, Fernpartie 1984.

2) 13. Lb2 Sc6 14. 0-0-0 Se5 15. Ld5 Seg4, oder 13. — Sg4 14. Ld5 Sxh2 15. 0-0-0 c6 (15. — Sc6? 16. Lxe4 ±, Purins — Borrmann, Fernpartie 1984) 16. Lxe4 Sg4, oder 13. 0-0 Sg4! (13. — Sc6 14. Lb2 Sg4 15. Tfe1 Ld4 16. Txe4! Sxf2 17. Txd4 Sxd4 18. Sd5! ±, Alloin — Borrmann, Fernpartie 1984) 14. h3 Le5 15. Tb1, und in allen Fällen sind die Stellungen unklar.

13. Lb2 Ld6!

13. — Se5? 14. Sxe4! bzw. 13. — Ke7 14. Lc4 Lf5 15. 0-0-0 sind vorteilhaft für den Anziehenden (Trajković).

14. 0-0-0

14. Ld5 scheitert an 14. — Sb4!

14. — Se5 15. Ld5

15. Sd5? kostete in Svec — Tiemann, Fernpartie 1979, nach 15. — Sfg4! 16. Lxe5 Sxe5 17. Lg8 Th8 18. Sf6† Ke7 eine Figur.

15. — Sxd5 16. Sxd5 Sg4 17. Tde1 Sxf2!

Nicht ausreichend ist 17. — Kc6? 18. Sc3 Lf5 19. h3! (Aber nicht 19. Sxe4? Lxe4 20. Txe4 Sxf2 21. Tc4† Kd7 22. Tf1 Txh2! mit Gewinn in Tiemann — Gebuhr, Fernpartie 1978.) 19. — Sf6 (19. — Sxf2? 20. Thf1 Lg3 21. Se2 Sd3† 22. cxd3 Lxe1 23. Txe1 exd3 24. Sf4±) 20. g4 Sxg4 21. hxg4 Txh1 22. Txh1 Lxg4 23. Sxe4 Lf3 24. Th4±.

18. Thf1 Txh2

Aber nicht 18. — Sg4 19. h3!±.

19. Txf2 Lg3 20. Tf7†!

Nach 20. Sf6† Kc6 21. Sxe4 Lxf2 22. Sxf2 Txg2 hat Schwarz das bessere Spiel.

20. — Kd6

Die andere Möglichkeit 20. — Ke6 könnte nach 21. Tf6†! Kxd5 22. c4† Kc5 Remis durch Dauerschach mit La3† und Lb2† ergeben. Mit 25. Txe4! kann der Anziehende aber einen chancenreichen Gewinnversuch unternehmen, wie der Partie Nr. 11 zu entnehmen ist.

21. Sxc7 Lxe1 22. La3†!

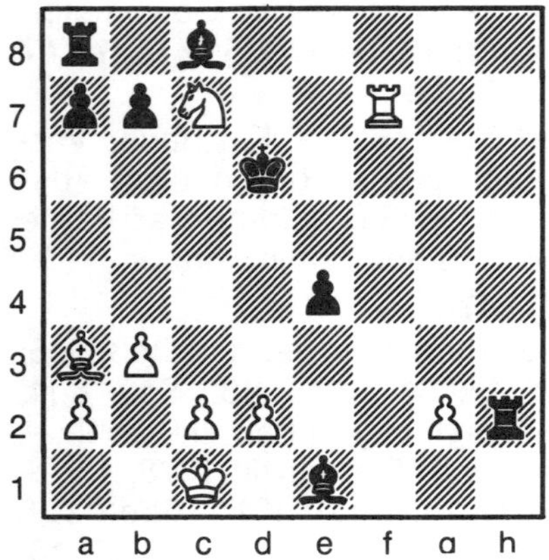

Weiß möchte mehr als nur Remis nach 22. Sxa8 Th1 23. La3† Ke6 24. Te7† Kf5 25. Kb2 Lxd2 26. Ld6! Le6! 27. Sc7 Th6 28. Sxe6! Txe6 29. Txe6 Kxe6 30. Lf8! Kf7 31. Ld6 Ke6.

22. — Kc6

Auf 22. — Ke5 folgt 23. Sxa8 Th1 24. Te7† mit guten Chancen für Weiß.

23. Sxa8 Lg3

Auf 23. — Th1 kann Weiß mit 24. Tc7† nebst c4† und Txc8 vorteilhaft fortsetzen. — 24. Tf6† Kd7 25. c4 Txg2 26. Lc5 b6 27. Le3 Lb7 28. Tf7† Kc6 29. Tg7 Lxa8 30. b4 a5 31. b5† Kd6 32. Lxb6 e3!! 33. Lxe3 Le5 34. Txg2 Lxg2 35. Kb3 Lf6 36. c5†, und Weiß hat die besseren Chancen in Tiemann — Niemand, Fernpartie 1984. Wahrscheinlich wird sich der Nachziehende auf die Fortsetzungen 10. — c6 (siehe Partie Nr. 10) bzw. 12. — Lg7 (statt 12. — Sc6) konzentrieren müssen.

B 7. Dxh8

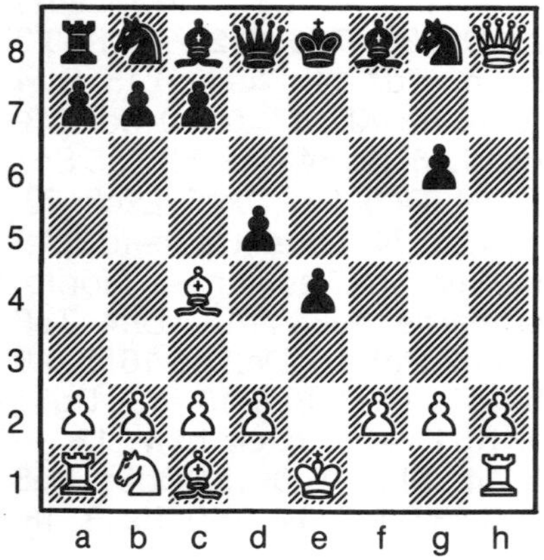

Eine umstrittene Fortsetzung, die dem Weißen materiellen Vorteil und dem Schwarzen einen gefährlichen Angriff gibt. Allgemein werden aber dem Nachziehenden die besseren Chancen eingeräumt.

7. — Kf7

Selten gespielt wird hier 7. — Le6, z. B. 8. De5 Dd7 9. Lb5! Sc6 10. Lxc6 Dxc6 11. Sc3 Kd7 12. d3 Ld6 13. Dg7† Se7 14. dxe4 dxe4 15. Lg5 Lf5 16. 0-0-0 Te8 17. Sd5 e3 18. Sxe3 Kc8 19. Lxe7 Txe7 20. Dg8† Te8 21. Dd5 Dd7 22. Sxf5 gxf5 23. Df3 mit klarem Vorteil für Weiß in Borrmann — Diepstraten, Fernpartie 1984.

8. Dd4

Wird als die beste Möglichkeit für den Anziehenden angesehen. Alternativen sind:

1) 8. Lb3 Lg7 9. Dh7 Le6 10. d3 exd3 11. cxd3 Sc6 12. 0-0 Dd6 13. Dh4 Sge7 14. h3 Sf5, oder 9. — c6!? 10. d3 exd3 11. cxd3 Lf5 12. 0-0 Sd7 13. g3 Se5 14. Sd2 Sh6 15. Te1 g5!, Alloin — Diepstraten, Fernpartie 1984, und in beiden Fällen hat der Nachziehende gutes Spiel.

2) 8. Le2 Lg7 9. Dh7 Sc6

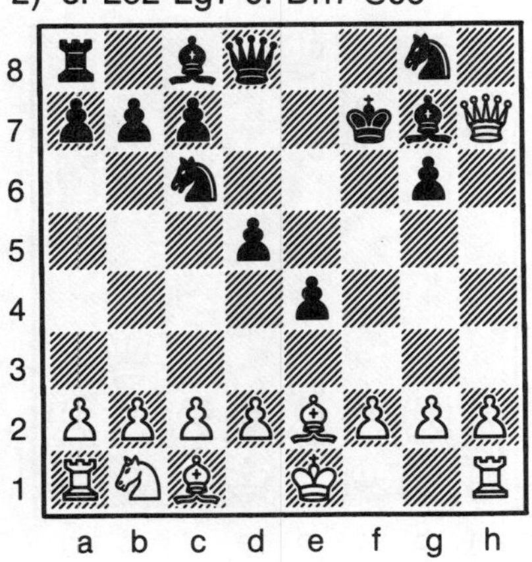

Und jetzt:

a) 10. Sc3 Le6 11. b3? Sd4 12. 0-0 Dd6 13. Dh4 Se7 14. Lg4 Sef5 15. Lxf5 Sxf5 16. Dg5 Th8 17. h3 Sd4 18. Dg3 Le5 19. f4 exf3 20. Txf3† Kg7 21. Df2 Sxf3†∓, Padula — Walther, Fernpartie 1974.

b) 10. 0-0 Sd4 11. Ld1 Le6! 12. c3 Sf5 13. d4 Dd6 14. Lg5 Sf6 15. Lxf6 Kxf6 16. g4 Th8 17. Dxh8 Lxh8 18. gxf5 Lxf5∓ bzw. 11. — Lf5 12. g3 (12. c3? Se6 —+) 12. — Sf6 13. Dh4 g5 —+.

c) 10. d3 Sd4 11. Ld1 exd3! 12. cxd3 (12. c3 De7† 13. Kf1 Sc2 14. Lxc2 De2† bzw. 13. Kd2 Sf6 14. Dh4 Se4†, und in beiden Fällen hat Schwarz klaren Vorteil.) 12. — De7† 13. Le3 Sf6 14. Dh4 Sf5 nebst d4 und schwarzem Vorteil.

d) 10. f3! — Ein unbedingt zu beachtender Zug — 10. — Sf6 11. Dh4 Sd4 12. fxe4 dxe4 mit unklarer Stellung.

Möglich ist auch 9. — Le6 (statt 9. — Sc6) 10. Sc3 c6 11. f4! Df6! 12. 0-0 Sh6 13. d3 exd3 14. cxd3 Sd7 15. f5! Sxf5 16. Lh6 Sxh6 17. Txf6† Sxf6 18. Tf1 Th8 19. Dxh8 Lxh8∓ bzw. 11. 0-0? Sd7 12. Sxe4 Sf8 13. Sd6† Dxd6 14. Dh4 Lf5∓.

Dagegen gibt 9. — Dg5 nur dem Weißen Vorteil, z. B. 10. g3 Sh6 11. h4 De7 12. d4 exd3 13. cxd3 Lg4 14. 0-0 Dxe2 15. Lxh6 De5 16. Sc3 +—, Padula — Paz, Fernpartie.

8. — Le6

siehe nächstes Diagramm

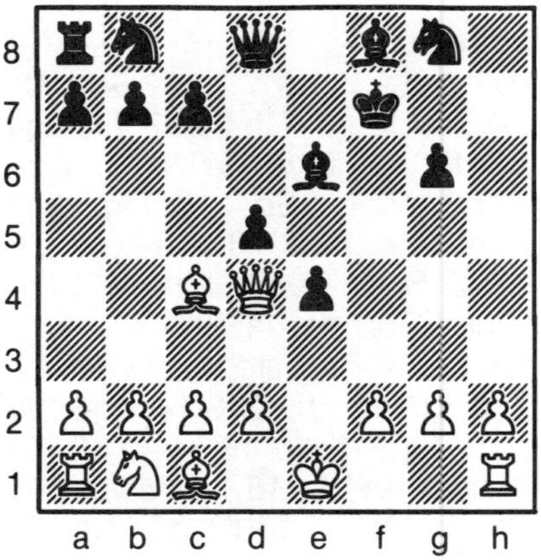

Nichts bringt 8. — Sf6 dem Nachziehenden ein, da nach 9. Sc3! Le6 10. Lb3 Sc6 11. De3 die Möglichkeit Lh6 fehlt.

9. Lb3!

Dies wird in letzter Zeit der anderen Fortsetzung 9. Le2 vorgezogen. Nach 9. Le2 Sc6 können folgende Varianten entstehen:

1) 10. Da4 Lc5! (Noch stärker als 10. — Dg5 11. g3 Lc5 12. Sc3 Df5 13. Sd1 d4! 14. d3 Sf6 15. Ld2 Se5) 11. 0-0 Sd4 12. Sc3 Dh4 13. d3 Sf6 mit Gewinn in Moser — Stader, Fernpartie 1979.

2) 10. De3 Lh6 11. f4 d4!

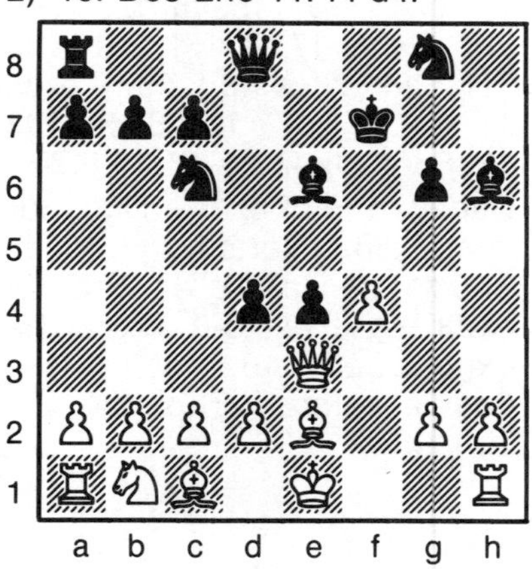

Und jetzt:

a) 12. Df2 (12. Dxe4? Ld5 13. Dd3 Sb4 nebst Sxc2† —+) 12. — Sf6 13. 0-0 (13. h3? d3! 14. cxd3 exd3 15. Lf3 Sd4 16. Sa3 Lf8! 17. f5 gxf5 18. b4? Lxb4 19. 0-0 Sf3† 20. gxf3 Df8! mit Gewinn in Blomberg — Svedenborg, Fernpartie 1972.) 13. — d3! 14. cxd3 exd3 15. Ld1 Sd4 16. Sc3 Lf8 17. Kh1 Lc5 18. Dh4! Dh8! 19. Dxh8 Txh8 20. Sa4 Ld6 21. b3 Se2! 22. Lxe2 dxe2 23. Te1 Lf4 24. h3 Lg4! —+, Scott — Paz, Fernpartie 1974, oder 18. Dg3!? Lf5 19. b4 Ld6 20. Tb1 c6! 21. Df2 Lc7 22. a4 Dd7 23. Lb2 Td8 24. a5 b6 25. Sa4 Se4 26. Dxd4 Dxd4 27. Lxd4 Sxd2 28. Le3 Sxb1 29. Lb3† Ke7 30. Txb1 d2 31. Td1 Td3 =, Pöltner — Dr. Grabner, Fernpartie 1978.

b) 12. Dg3 Sf6 13. d3 Lf8 14. h4 e3! 15. h5 Sxh5 16. Lxh5 gxh5 17. Txh5 Df6 18. f5 Lxf5 19. Dxc7† Se7 20. Df4 Lg6 21. Th4 Sf5 22. Th1 Ld6 23. Df3 Lg3† 24. Ke2 Lc7 25. Th3 Th8! —+, Holecek — Paz, Fernpartie 1974.

3) 10. De3 Lh6 11. Dg3,

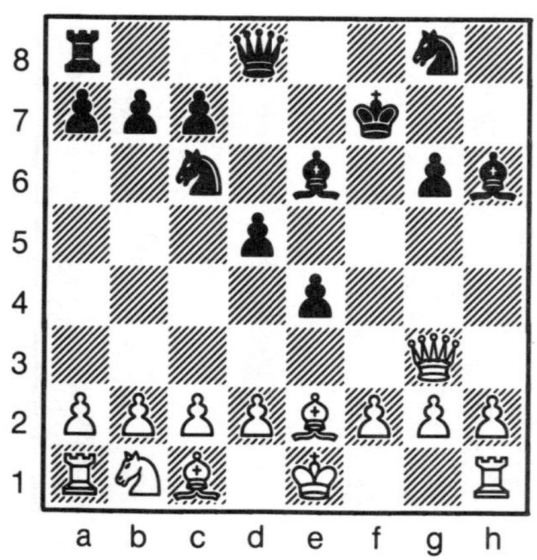

Und nun

a) 11. — Df6 12. 0-0 (12. f3 Se7 13. 0-0 Sf5 14. Dh3 Lf4∓) 12. — Sd4 13. Ld1 Lf8! 14. d3 Ld6 15. Dh4 Sf5∓.

b) 11. — Sge7 12. f3! (12. Lg4 Sf5 13. Lxf5 gxf5 14. f4 d4 15. b3 Sb4 16. Sa3 Df6 17. Lb2 Tg8! 18. Df2 e3! —+, Korsmaa — Grobe, Fernpartie 1973.) 12. — Sf5 13. Df2 Scd4 14. Sa3 exf3 15. Lxf3 Lf8 16. c3 Lxa3 17. cxd4 Le7 18. 0-0 Lf6 19. Lg4 Dh8 20. Kh1 Lxd4 21. Df3 Df6 nebst Th8 und Le5 mit gutem Spiel für Schwarz.

4) 10. De3 Sh6!? (siehe Partie Nr. 12).

Zu erwähnen bleibt noch, daß Weiß mit 9. Lxd5 nicht auf Ausgleich spielen kann, z. B. 9. — Dxd5 10. Dxd5 Lxd5 11. Sc3 Lc6 12. b3 a5 13. a4 Sa6 14. Lb2 Sb4 15. 0-0-0 Sf6 16. Se2 Te8 17. f3 exf3 18. gxf3 Lh6 19. Sd4 Ld5∓, Wolf — Vetter, Porz 1980.

Kommen wir nun wieder zur Textvariante nach 9. Lb3! Schwarz hat jetzt zwei Möglichkeiten: I. 9. — c5!? und II. 9. — Sc6!

I. 9. — c5!?

Dieser Zug hatte für kurze Zeit das übliche 9. — Sc6! in den Hintergrund gerückt.

10. De3 c4 11. Lxc4!

siehe nächstes Diagramm

Nach dem schwächeren 11. La4 liegen alle Vorteile beim Nachziehenden, z. B. 11. — Lh6 12. f4 a6! (12. — Sf6 erbrachte für Schwarz ebenfalls klaren Vorteil nach 13. c3 Da5 14. Ld1 Sbd7

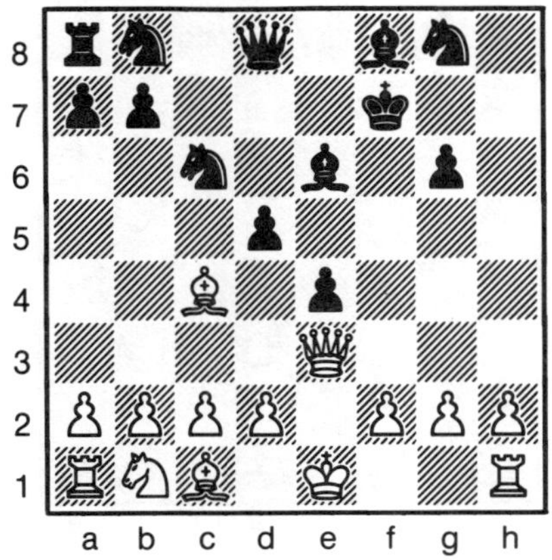

15. b3 Sc5 16. 0-0 Sd3 17. bxc4 Sxc1 18. cxd5 Lxd5 19. d4 Sd3 20. g4 Lg7 21. g5 Se8 22. f5 Sd6 23. fxg6† Kxg6 24. h4 Kh7 25. g6†! Kg8 26. Dg5 Tf8 27. Sd2 [27. Lb3? Lxd4!] 27. — Txf1† 28. Kxf1 e3! 29. Sb3 Db5 30. a4 e2†! —+, Strelis — Morgado, Fernpartie 1982.) 13. c3 Sf6 14. Ld1 Sbd7 15. 0-0 Dc7 16. b3 Se5 17. Dg3 Sd3 18. f5 Db6† 19. Kh1 gxf5 20. Le2 Tg8 21. Dh4 Lg5 22. Lh5† Ke7 23. La3† Kd7 24. Dh3 f4 25. g4 Sf2† —+, Strelis — Tiemann, Fernpartie 1984, oder 15. Tf1 Dc7 16. b4 Lf5! —+, Fiorito — Zier, Fernpartie 1979, oder 15. d4 exd3 16. 0-0 Lf8 17. De1 Db6† 18. Kh1 Lc5∓, Schmitz — Thörnquist, Fernpartie 1982.

11. — dxc4 12. Sc3 Lh6

siehe nächstes Diagramm

Andere Möglichkeiten des Nachziehenden sind:

1) 12. — Sf6 13. Sxe4 Sxe4 14. Dxe4 Sc6 15. 0-0 Lc5 16. d3 cxd3 17. cxd3 Dd7 18. Le3 Sd4 oder 17. Dxd3 Dxd3 18. cxd3 Td8, und in beiden Fällen sollte

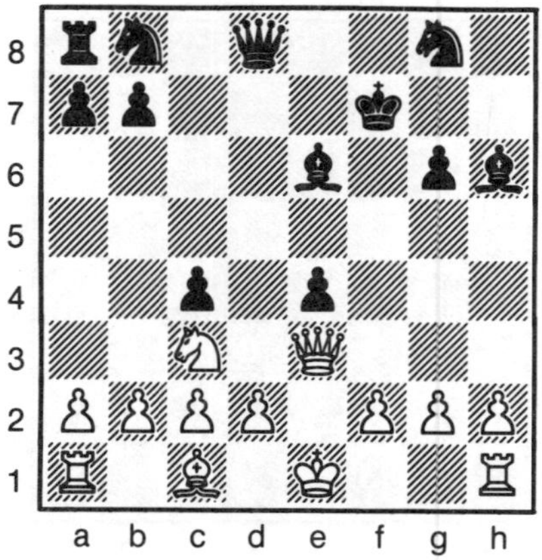

Schwarz etwas bessere Chancen haben.

2) 12. — Sc6 13. Sxe4 (13. Dxe4 Sf6 14. Dh4 Sd4=+) 13. — Lh6 14. Df3† Lf5 15. 0-0 Sd4 16. Sd6† Ke6! 17. Dxb7 Kxd6 18. Db4† Kc6 19. Dxc4† Kb7 20. Te1 Tc8 21. Df7† Tc7 22. Te8 Sf3†!!—+, Borrmann — Trobatto, Fernpartie 1978, oder 14. Dc5! Dd5! 15. Sd6† Kg7 16. Dxd5 Lxd5 17. b3 Sd4!, und Schwarz erhält gutes Spiel.

13. Dxe4 Sc6 14. d4

Auf 14. 0-0 folgte in Borrmann — Garcia, Fernpartie 1982, 14. — Sf6 15. Dh4 Kg7 16. d4 Lxc1 17. Taxc1 Dxd4 18. Sxd4 19. Tfe1 Tae8 mit nur geringem Vorteil für Schwarz.

14. — Sf6 15. Dh4 Sxd4

16. 0-0 Sf5 17. Dh3 Lg7 18. Lg5 Dc7 19. Lxf6 Lxf6 20. Se4 Th8 21. Sg5†

siehe nächstes Diagramm

21. — Kg8! 22. Sxe6 Db8! 23. Dxh8† Kxh8 ebenfalls mit nur geringem Vorteil für Schwarz in Borrmann — Tiemann, Fernpartie 1984.

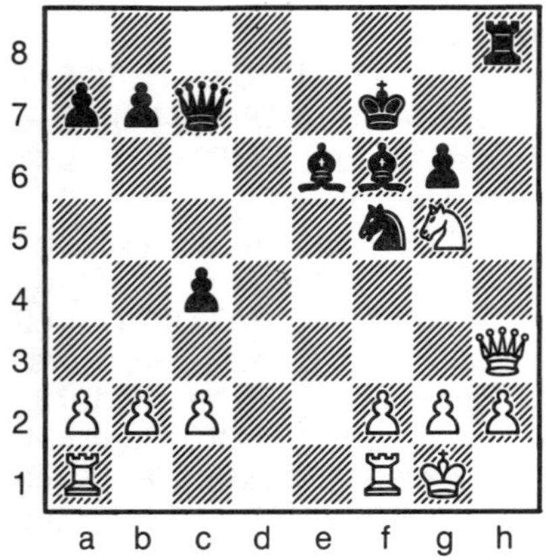

Abschließend sollte noch auf die Möglichkeit 10. — b5 (statt 10. — c4) hingewiesen werden, die in Borrmann — Saint, Fernpartie 1979, zum Erfolg führte: 11. c3 Sd7 12. Ld1 Lh6 13. f4 Sgf6 14. h3 Se5 15. 0-0 Sd3 16. Le2 c4 17. Sa3 Dd7 18. Sc2 Th8 19. Lxd3 exd3 20. Sd4 Te8 21. Sxe6 Txe6 22. Df3 Te2=+.

II 9. — Sc6!

Nach wie vor ist dieser Zug der stärkste für Schwarz.

10. De3 Lh6 11. f4 Sf6

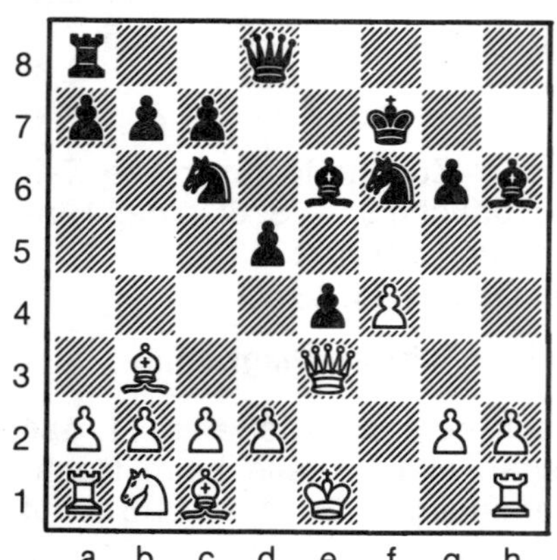

Andere Fortsetzungen sind:

a) 11. — exf3 12. Dxf3 Sf6 13. 0-0 Sd4 14. Df2 Sf5 15. h3 Kg7 16. Sc3 Lg5! 17. d3 Lh4 18. Df4 De7 19. Se2 Sh5 20. Dd2 Th8 mit guten Chancen für Schwarz in Koelink — Diepstraten, Fernpartie 1984.

b) 11. — Sge7! — Dieser wahrscheinlich chancenreichste Zug für Schwarz wird in Partie Nr. 13 vorgestellt.

Nach 11. — Sf6 sind folgende Fortsetzungen möglich:

1) 12. d3 Se7 13. Sc3 Sf5 14. Dh3 De7 15. d4 Th8 16. Se2 Lg7 17. Dc3 Sg4 18. Ld2 e3! 19. 0-0-0 exd2† 20. Txd2 Sf2 21. Tdd1 Sxd1 22. Kxd1 c6 —+, Woll — Purins, Fernpartie 1975.

2) 12. c3 Se7 13. d3 Sf5 14. De2 exd3 15. Dxd3 De7 16. 0-0 Dc5† 17. Kh1 Se4 18. Df3 Seg3† 19. hxg3 Th8 20. Tf2 Lxf4† 21. Kg1 Lxc1 22. a4 Le3 23. Kf1 Th1† 24. Ke2 Lxf2 25. Dxf2 Dxf2† 26. Kxf2 Sd6 —+, Robins — Grobe, Fernpartie 1974.

3) 12. d4 Sg4 13. Dg1 Lg7 14. c3 Dh4† 15. g3 Dh3 16. Sd2 Se7 17. Sf1 Sf5 18. Ld1 c5 19. Lxg4 Dxg4 20. Se3 Sf3 21. Sxf5 Lxf5 22. Le3 cxd4 23. Lxd4 Lxd4 24. cxd4 Lg4! —+, Borrmann — Micheloud, Fernpartie 1980, oder 13. Dg3 Sxd4 14. Sc3 c5 15. h3 Sf6 16. 0-0 Kg7 17. Df2 Sh5 18. Se2 Sxe2† 19. Dxe2 Sg3 20. Df2 Sxf1 21. Dxc5 Sg3 22. Dc3† Df6 —+, Borrmann — Littleboy, Fernpartie 1979.

4) 12. h3 Dd6 13. 0-0 Lg7! 14. De1 (Aber nicht 14. d4? wegen 14. — Sg4! 15. De1 Lxd4† 16. Kh1 Se7 17. g3 Th8 18. Kg2 Sh2! —+, Tiemann — Dr. Grabner, Fernpartie 1978.) 14. — Th8 15. c3 Dc5† 16. d4 exd3 17. Le3 mit verteilten Chancen.

5) 12. Sc3 Dd6 13. Sb5 Dd7 14. d4 a6 15. Sa3 b5 16. c3 b4 17. Sc2 a5! mit gutem Spiel für Schwarz.

Zweites Kapitel (1. e4 e5 2. Sf3 f5 3. Lc4 b5)

1. e4 e5 2. Sf3 f5 3. Lc4 b5 (Strautins)

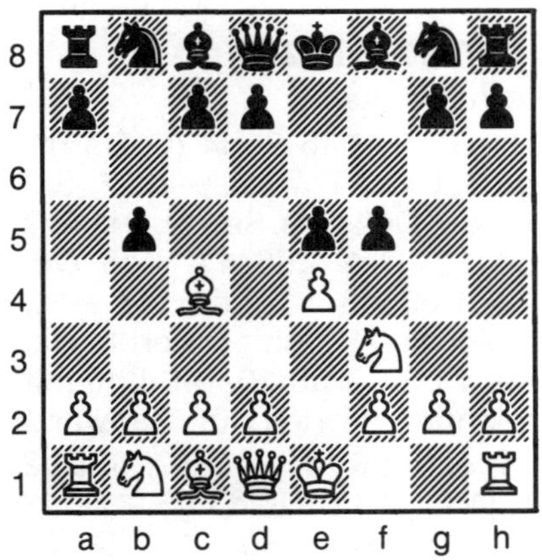

Die Idee dieses Zuges ist der im Evans-Gambit ähnlich. Der Läufer soll von der Diagonalen a2-g8 abgelenkt werden. Wegen der luftigen Königsstellung ist das hier aber ein sehr viel gewagteres Unterfangen. So kann es auch nicht verwundern, daß nach 4. Lb3 und 5. Sc3 die schwarze Stellung wie ein Kartenhaus zusammenbricht. Der Anziehende hat nach 3. — b5 folgende Erwiderungen:

I 4. Lxg8?!
II 4. Lxb5?
III 4. Lb3!

I 4. Lxg8

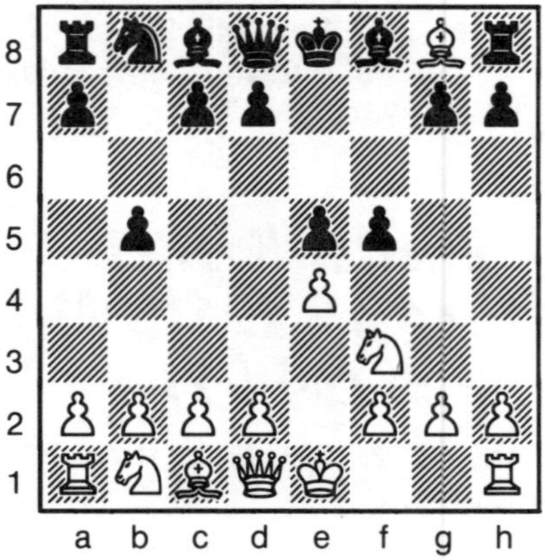

4. — Txg8 5. De2

Alternativen sind:

1) 5. Sxe5? Df6 6. d4 (6. Dh5† ? g6 7. Dxh7 Tg7!) 6. — d6 7. Sf3 fxe4 8. De2 d5 9. Se5 (9. Dxb5†? c6 10. De2 Ld6 11. Lg5 Df5 12. De3 h6 13. Lh4 Lf4 —+, Holecek — Mathieu, Fernpartie 1974.) 9. — a6 10. 0-0 Ld6 mit leichtem Vorteil für Schwarz.

2) 5. exf5 d6 (5. — Df6?! 6. De2 Kd8 7. g4 Lb7 8. d3 g5 9. Sbd2 d5 10. Dxe5 Sd7 11. Dxf6† Sxf6 12. Tg1 c5 13. d4 Tc8 14. c3±, Motyvay — Stenzel, Fernpartie 1972.) 6. De2 De7 7. Dxb5† c6 8. De2 Lxf5 9. d3 h6, und Schwarz hat Kompensation für den Minusbauern.

3) 5. d4! fxe4 6. Lg5! Le7 7. Sxe5 g6 (7. — Lxg5? 8. Dh5† Ke7 9. Dxg5† Ke8 10. Dh5† Ke7 11. Sc3 d5 12. Df7† Kd6 13. Sxb5 matt) 8. Lxe7 Dxe7 9. De2 c6 (9. — Sc6? 10. Sxc6 dxc6 11. Sc3 Kf7 12. 0-0 Lf5 13. f3 e3 14. Se4 Kg7 15. Dxe3 Tad8 16. Tad1 Tge8 17. Tfe1 Db4+=, Tomson — Budovskis, Fernpartie 1974) 10. Sc3 d6 11. Sg4 h5 12. Se3 b4 13. Dc4 Tf8 14. Dxb4 a5 15. Da4 Kd8 16. d5 c5 17. Dxe4 Df6 18. 0-0-0 mit Gewinnstellung für Weiß, Ahman — Tall, Fernpartie 1976.

5. — De7 6. Dxb5

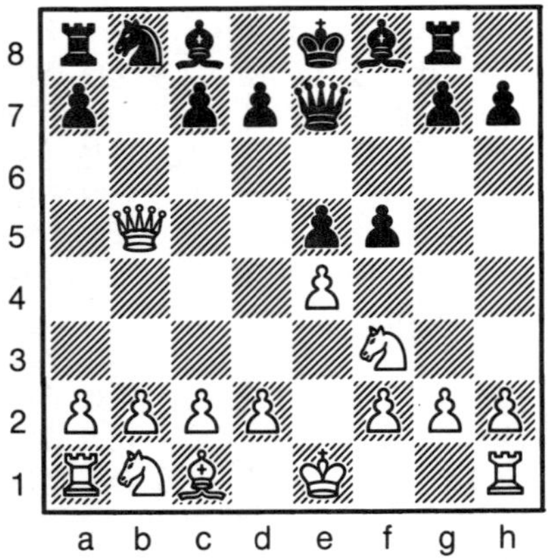

Andere Möglichkeiten sind:

1) 6. d4 fxe4 7. Dxe4 exd4 8. Dxe7† Lxe7 9. Sxd4 a6 10. Le3 Lb7 11. 0-0 Sc6 12. c3 Kf7=, Gunderam — Strautins, Fernpartie 1971.

2) 6. Sc3?! Sc6 7. Sd5 Dd6 8. d3 Lb7 9. 0-0 f4! 10. c4 bxc4 11. dxc4 g5 12. c5 Dh6!, und Schwarz erhält einen gefährlichen Angriff.

6. — Sc6 7. Dd5

Gespielt wurden auch noch:

1) 7. d3 Tb8 8. Dc4 Db4† 9. Sbd2 Dxc4 10. Sxc4 d6 11. Se3 fxe4 12. dxe4 La6 13. b3 h6 14. Sd5 Kd7 15. Le3 Tb7 16. Sh4 Sb4 17. Kd2 Sxd5 18. exd5 Le7 19. Sf5 Lf6 20. c4 c5 21. Tae1 Tbb8 mit unklarer Stellung,

Woll — Purins, Fernpartie 1974.
2) 7. Sc3?! fxe4! 8. Sxe4 g5! 9. d3 g4 10. Dd5 (10. Lg5 De6 11. Sf6† Kf7 12. Sxg8 gxf3 13. Sf6 fxg2∓) 10. — Tg6 11. Lg5 Dg7!—+, Gunderam gegen Strautins, Fernpartie 1971, oder 9. g4 Tg6 10. c4 Tb8 11. Da4 Tb4 12. Dc2 d5 13. cxd5 Lxg4 —+, Gunderam — Strautins, Fernpartie 1971.

7. — fxe4! 8. Dxg8!

Dagegen verliert Weiß nach 8. Sxe5 Dxe5 9. Dxg8 Sb4

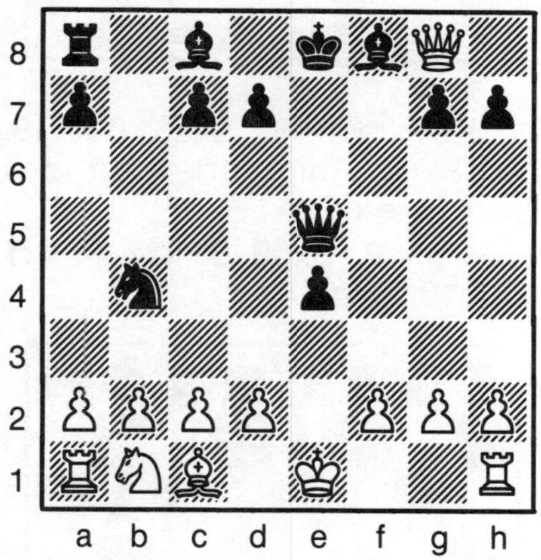

sehr schnell, z. B. 10. Db3 Sd3†! 11. Ke2 La6 12. c4 Dd4 —+, Siegers — Purins, Fernpartie 1971, oder 10. Sa3 Sd3† 11. Ke2 La6 12. Sc4 Dh5† 13. f3 Se5 14. d3 exd3† 15. Kf2 0-0-0 16. Se3 dxc2 17. Dd5 Sd3†! nebst Matt in Grava — Strautins, Fernpartie 1971, oder 10. Kd1? Df5 11. Sa3 d5! 12. Sb5 Dxf2 13. Sxc7† Ke7 14. Sxd5† Sxd5 15. h3 Lg4† 16. hxg4 Se3† 17. dxe3 Td8† nebst Matt, Siegers — Amibilia, Fernpartie 1971. Nach 8. Dxe4 g5! 9. Sc3 entsteht eine unklare Stellung mit wahrscheinlich besseren Chancen für Weiß.

8. — exf3 9. Dxh7!

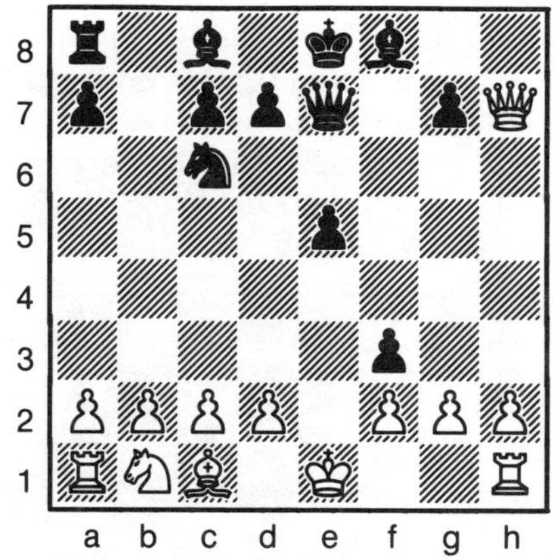

Nicht so stark ist 9. Dd5 e4! 10. Sc3 fxg2 11. Tg1 Se5! 12. Txg2!, und Weiß hat wohl die bessere Stellung. Dagegen verliert Weiß nach 12. Dxa8? Sf3† 13. Kd1 Sxg1 14. Dxc8† Kf7 15. Da6 Sh3 16. Se2 Sxf2† 17. Ke1 Dh4 —+.

9. — fxg2 10. Tg1! e4 11. Txg2 Sd4 12. Kd1

mit Vorteil für Weiß.

II 4. Lxb5?

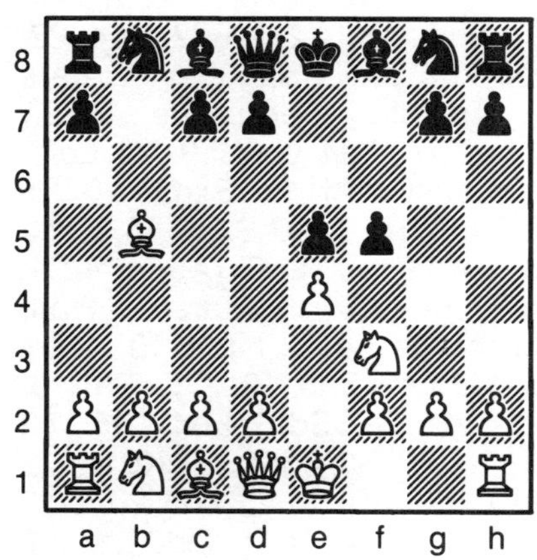

Die Annahme des schwarzen

Bauernopfers führt in allen Varianten zu Vorteil für den Nachziehenden.

4. — fxe4 5. Sxe5 Dg5! 6. d4 Dxg2 7. Dh5†

Auch das passive 7. Tf1 ergibt keinen Ausgleich für Weiß, z. B. 7. — Sf6 8. Lf4 c6

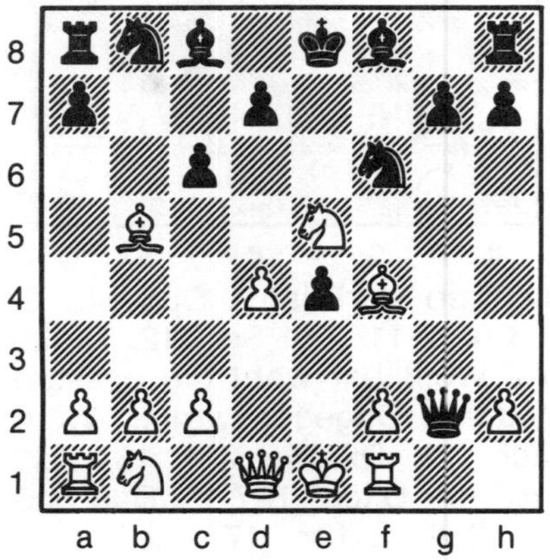

(Auch 8. — Sa6 ist gut spielbar, z. B. 9. a3 Le7 10. b4 c6 11. Le2 0-0 12. c4 g5! 13. Lg3 Sxb4! 14. Db3 [14. axb4 Lxb4† 15. Sd2 e3 16. fxe3 Se4 17. Txf8† Kxf8 18. Sef3 g4 —+] 14. — Sd3† 15. Sxd3 exd3 16. Dxd3 d5 17. Lf3 Dh3 18. De3 Lf5 19. Dxg5† Lg6 20. Le2 Tae8 21. Sd2 Se4 22. De3 Lg5 23. f4 Sxg3! —+, Atars — Amibilia, Fernpartie 1972.) 9. Le2 (9. La4 La6! 10. c4 Lb4† 11. Ld2 Lxd2† 12. Sxd2 0-0 13. Db3 c6! 14. Lxc6 Sxc6 15. Sxc6 e3—+) 9. — La6 (Auch 9. — Ld6!? gewann in Atars — Woll, Fernpartie 1972, nach 10. Lh5† g6 11. Le2 Sd5 12. Lg3 Tf8 13. Sd2 e3! 14. Sdf3 Lb4† 15. c3 Sxc3 16. Db3 Sd5† 17. Kd1 exf2 18. Lxf2 Sa6 19. a3 Ld6 20. Dd3 Sac7 21. De4 Tf4 22. Dd3 La6 23. Dc2 Lxe5!) 10. Lxa6 Sxa6 11. De2 Sc7 12. Lg3 Se6 13. c3 g6 14. Sd2 Lh6! 15. 0-0-0 e3!? 16. Sdf3 Sd5!

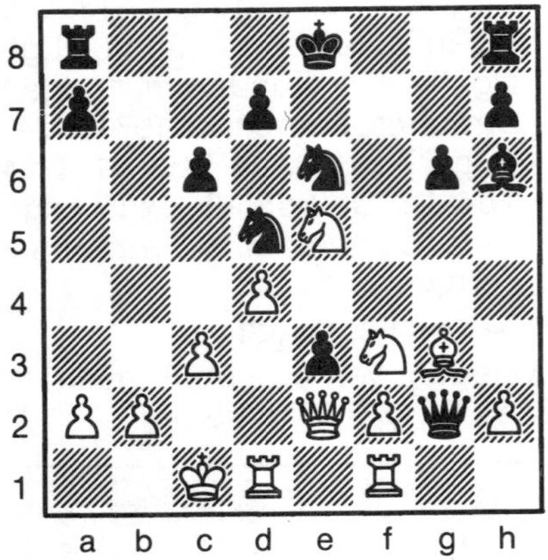

17. Kb1 d6! 18. Sxc6 0-0 19. Sh4 Sxc3† mit Vorteil für den Nachziehenden.

7. — g6 8. Sxg6 Dxh1† 9. Lf1 hxg6 10. Dxh8

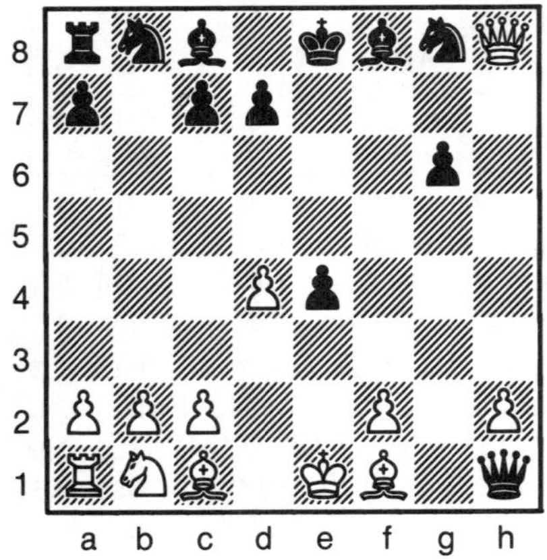

Auch 10. Dxg6† Kd8 11. Lg5† Se7! (11. — Le7? 12. Dg7 Dxh2 13. Df8 matt) bringt Weiß klaren Nachteil.

10. — Kf7 11. Lf4 d6 12. Sd2 Lg4 13. a4 Lh5! 14. Lg5 Lg7 15. Dh7 Sd7 16. f3 Sdf6 17. Lxf6 Sxf6 18. 0-0-0 d5!—+

III 4. Lb3!

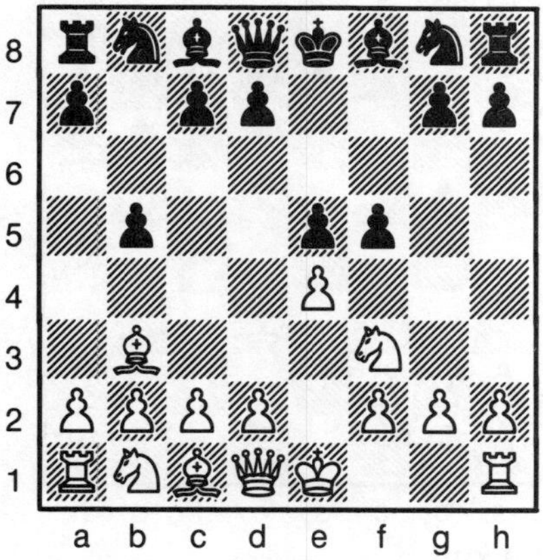

Damit wird die Idee von Strautins widerlegt — siehe Variante C. Nach **4. — fxe4** hat Weiß folgende Möglichkeiten:

A 5. Sxe5?!

B 5. 0-0

C 5. Sc3!

Um diesen Fortsetzungen auszuweichen, wird gelegentlich 4. — d6 bzw. 4. — Sc6 gespielt, z. B. 5. d4 d6 6. dxe5 Sxe5 7. Lf4 Sxf3† 8. Dxf3 De7 9. e5! Tb8 10. Sc3 Lb7 11. Sd5 Dd7 12. 0-0-0 Dc6 13. The1±, oder 5. d3 Sf6 6. 0-0 Sa5 7. c3 d6 8. Lc2 Le7 9. b4 Sb7 10. Lb3 fxe4 11. dxe4 Lg4 12. Dd3 Lxf3 13. Dxf3 Dd7 14. a4 c6 15. axb5 cxb5 16. Sa3 a5 17. Sxb5 a4 18. Lc4 d5 19. exd5 Sd6 20. Sxd6† Lxd6 21. De2 0-0 22. Lb5 Dc7 23. Lc6 mit weißem Vorteil, Purins — Tener, Fernpartie 1976.

A 5. Sxe5?!

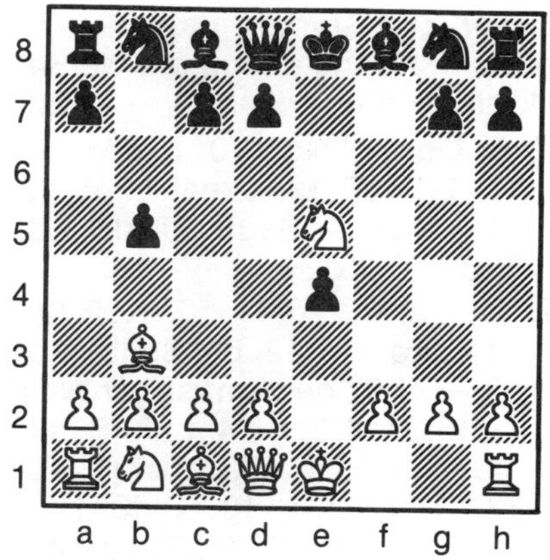

Das ist zu optimistisch. Der Anziehende muß um den Ausgleich kämpfen.

5. — Dg5 6. d4

Schwächer ist 6. Sf7? wegen 6. — Dxg2 7. Tf1 d5! 8. Dh5 Sf6 9. De5† Kxf7 10. Lxd5† Sxd5 11. Dxd5† Le6 12. Dxa8 Lc5 13. Sc3 c6 14. Se2 Lh3 15. Sg3 Ld6 16. Dxa7† Sd7 17. d3 Lxg3 18. hxg3 Dxf1† 19. Kd2 exd3 20. cxd3 Te8 21. a4 b4 22. Kc2 Lf5 23. Dd4 Se5 und gewinnt, Kullesenko — Matrienko, Sowjetunion 1973.

6. — Dxg2 7. Dh5† g6 8. Lf7†

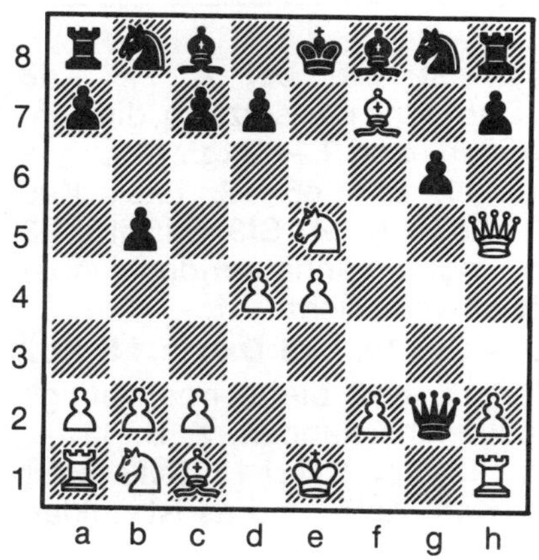

8. — Ke7

Von Strautins empfohlen scheint dieser Zug stärker als 8. — Kd8 zu sein. Nachstehend die weißen Möglichkeiten nach 8. — Kd8:

1) 9. Dg5†! Dxg5 10. Lxg5† Le7 11. Ld5 c6 12. Lxe4! Lxg5 13. Sf7† Kc7 14. Sxg5! Sf6 15. Ld3 Te8† 16. Kd2=.

2) 9. Lxg6? Dxh1† 10. Ke2 La6 11. Lg5† Le7 12. b4! Sc6! (nach 12. — Sf6? gewinnt sogar Weiß — 13. Dh4 Sc6 14. Lxf6 Sxd4† 15. Kd2 d5! 16. Lxe7†! Kc8 17. Lc5 Sf3† 18. Sxf3 Dxf3 19. Lh5! Dg2 20. Sc3!) 13. Sf7† Kc8 14. Sxh8 Df3† 15. Dxf3 exf3† 16. Kxf3 hxg6—+.

9. Dh4†

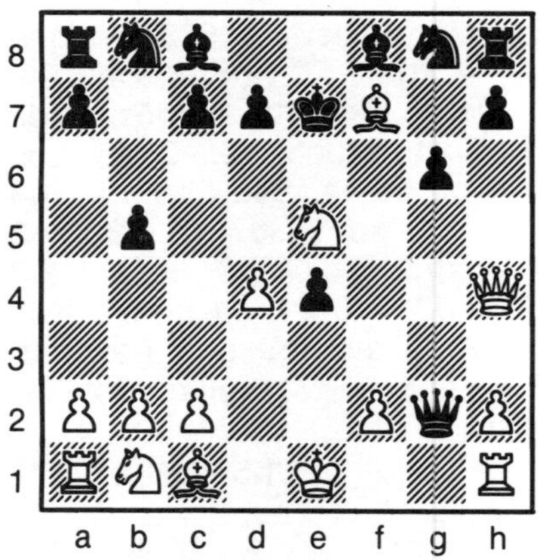

Hier ist wie bei 8. — Kd8 9. Dg5† eine Fortsetzung, die dem Weißen nach 9. — Dxg5 10. Lxg5† Sf6 11. Ld5 c6 12. Lxe4 Ke6 13. Ld3 d6 14. Sf3 Sd5 15. a3 a5 noch annähernden Ausgleich verspricht.

9. — Sf6 10. Lg5 Dxh1† 11. Kd2

Nur 11. Ke2 bietet noch einige Ausgleichschancen, z. B. 11. — Lg7 12. Sc3 Df3†! 13. Sxf3 exf3† 14. Kxf3 Kxf7, und es ist unklar, ob der weiße Entwicklungsvorsprung das materielle Minus kompensiert.

11. — e3†! 12. Kxe3

12. fxe3? verliert sofort — 12. — Lg7 13. Sc3 Dg2†—+.

12. — Lh6!

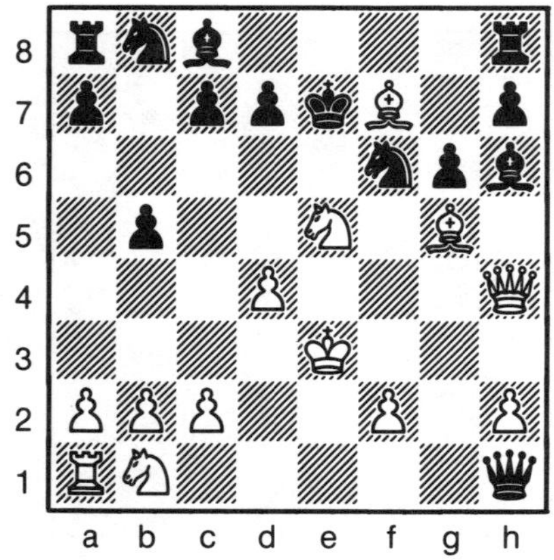

13. Lxh6

13. Dxh6? De4† 14. Kd2 Dxd4† 15. Sd3 Kxf7 bzw. 13. Sc3 Dxa1 14. Sd5† Kd8!! 15. Dxh6 (15. Sxf6? Lxg5† 16. Dxg5 Dc1† —+, oder 15. Lxh6 De1† 16. Kf3 De4† 17. Dxe4 Sxe4 18. Kxe4 Lb7—+) 15. — De1† 16. Kd3 La6!, oder 16. Kf3 Lb7 17. Lxf6† Kc8 18. Lxh8 Lxd5† 19. Lxd5 Dh1†, und in beiden Fällen gewinnt Schwarz.

13. — De1† 14. Kd3 Sc6! 15. Sxc6† dxc6 16. Sd2 Lf5† 17. Kc3 b4† 18. Kb3

siehe nächstes Diagramm

18. — Dxa1!

Deutlich schwächer geschah in der Fernpartie Pupols — Strautins 18. — Le6† 19. d5 Dxa1 20. Lg7 Lxd5† 21. Lxd5 cxd5 22.

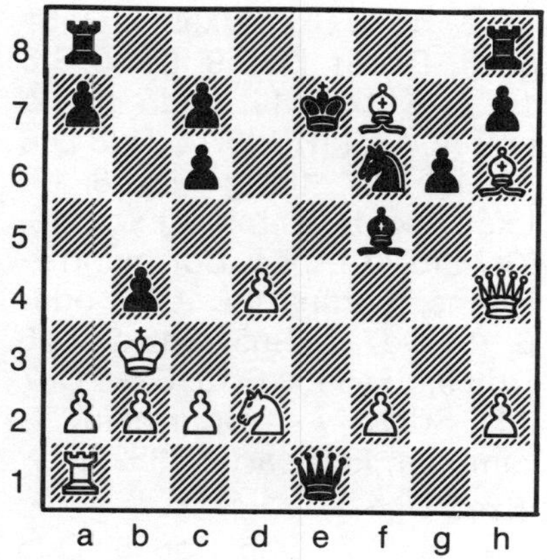

Dxf6† Kd7 23. Lxh8 a5 24. Sf3 a4† 25. Kxb4 Dxa2 26. Se5† Kc8 27. De6† Kb8 28. Sd7†, und Weiß gewann in wenigen Zügen.

19. Lg7 a5 20. Dxf6† Kd7 21. d5 a4† 22. Kc4 Dxa2† bzw. **22. Kb4 Thb8† 23. Ka3 Tb3†**

mit schwarzer Gewinnstellung (Analyse Atars).

B 5. 0-0

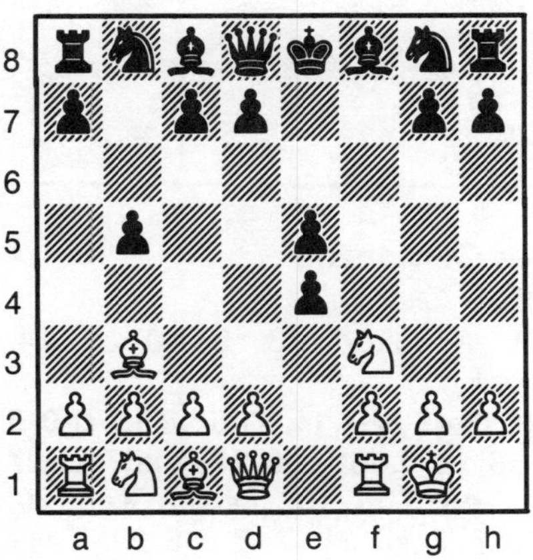

5. — Sf6

5. — exf3? 6. Dxf3 bzw. 5. — Sc6? 6. Sxe5 Sxe5 7. Dh5† Sg6 8. Dd5 verlieren sofort.

6. d4 exd4

6. — exf3 7. dxe5 Lb7 8. exf6 Dxf6 9. Te1† Le7 10. Ld5 Lxd5 11. Dxd5 Sc6 12. Lg5 Df7 13. Txe7†!± bzw. 9. — Kd8 10. Ld5 Lxd5 11. Dxd5 c6 12. Dh5 Kc7 13. Sc3+=.

7. Sxd4 d5! 8. Lg5

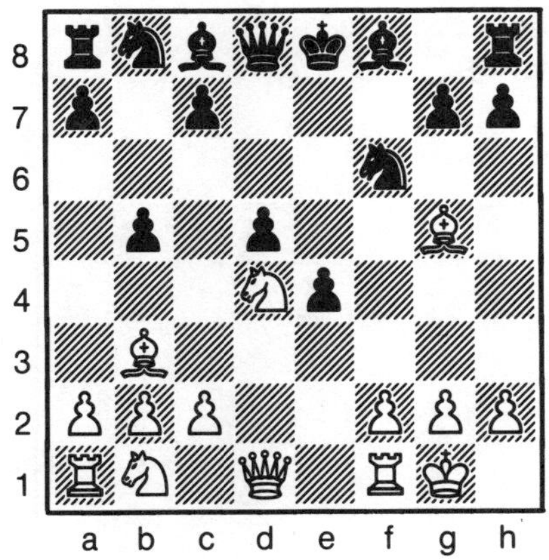

8. — c6!?

Nach 8. — Le7?! 9. f3 c5 10. Sxb5 Le6 11. fxe4 Sxe4 12. Lxe7 Kxe7 13. Sc3 oder 9. — c6 10. fxe4 Sxe4 11. Lxe7 Dxe7 12. Sxc6! hat Weiß Vorteil.

9. f3

Nach 9. Sxc6?! Sxc6 10. Lxf6 Dxf6! 11. Dxd5 Ld7 12. Sc3 De7 13. Df7† (13. Dxe4 Dxe4 14. Sxe4 Ld7∓) 13. — Kd8 14. Tad1 Ld6 15. Txd6 Dxd6 16. Td1 De7 17. Dd5 Tc8 mit Vorteil für Schwarz.

9. — exf3 10. Dxf3 Lc5 11. Te1† Kf7 12. Lxf6 Dxf6!

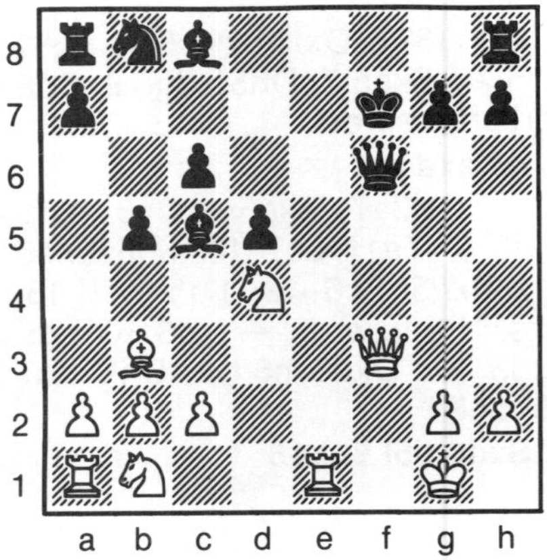

Die schwarze Stellung ist vorzuziehen.

C 5. Sc3!

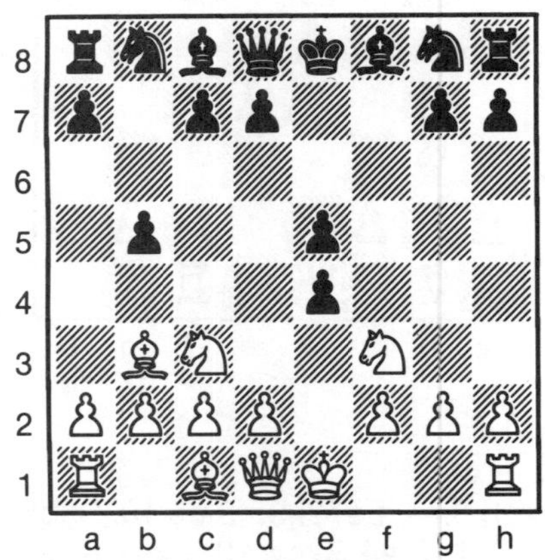

Aufgrund dieses Zuges wird man Strautins Idee 3. — b5 wohl ad acta legen müssen. Bisher ist keine zufriedenstellende Fortsetzung für den Nachziehenden gefunden worden. Hier der Stand der Untersuchungen:

5. — Sc6

Andere Fortsetzungen sind kaum besser:

1) 5. — Sf6 6. Sxe5 d5 7. Sxd5! Sxd5 8. Dh5† g6 9. Sxg6 Sf6 10. De5† Le7 11. Sxh8+—

2) 5. — d6 6. Sxe5 dxe5 7. Dh5† g6 8. Dxe5† De7 9. Dxh8 Sf6 10. Sd5 Sxd5 11. Lxd5 c6 12. Lg8 h5 13. Lh7 Lf5 14. Dg8 Df6 15. h3 Df7 16. g4 Dxg8 17. Lxg8 hxg4 18. hxg4 Lxg4 19. Th7 Lf5 20. Lf7†±, Borrmann — Purins, Fernpartie 1984, oder 6. d4 Dd7 7. Sg5! Sh6 8. Le6 Dd8 9. dxe5 Lxe6 10. Sxe6 De7 11. Sd5!†+—, Courthiau — Simonet, Fernpartie 1982.

6. Sxe5 Dg5

6. — Sxe5 7. Dh5 Sg6 8. Dd5 kostet Material.

7. d4 Dxg2 8. Dh5† g6 9. Lf7† Kd8

9. — Ke7? verliert nach 10. Dg5† Dxg5 11. Lxg5† Sf6 (11. — Kd6 12. Sxe4 matt) 12. Sd5† Kd6 13. Lxf6 ebenfalls Material.

10. Dg5† Dxg5 11. Lxg5† Le7 12. h4!

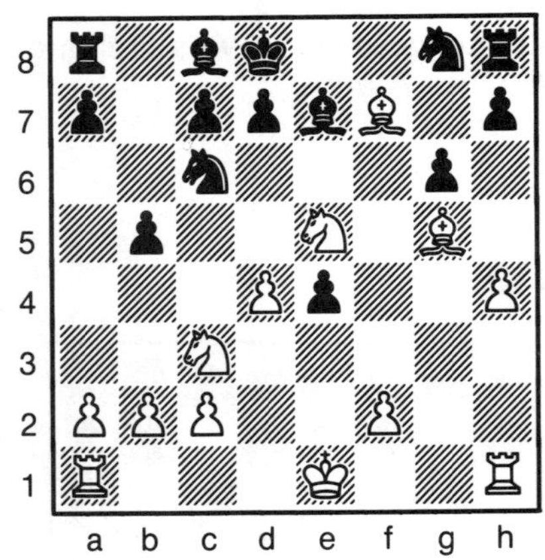

Der Gewinnzug!

12. — Sxe5

12. — Sxd4 13. 0-0-0 c5 14. Sxe4±.

13. dxe5 Lb7 14. Th3 a6 15. 0-0-0 Tb8 16. Le6! Lc6 17. Lxd7 Lxd7 18. e6 Tb6 19. Txd7† Ke8 20. Txc7 Txe6 21. Te3 Sf6 22. Tc8† Ld8 23. Sxe4! Kf7 24. Lxf6 Txf6

25. Sxf6 Kxf6 26. Td3+— (Pellegrino — Mathieu, Fernpartie 1975) oder **15. — Kc8 16. Lxg8 Lxg5† 17. hxg5 Txg8 18. Txh7 Lc6 19. Sd5**±.

Drittes Kapitel (1. e4 e5 2. Sf3 f5 3. Lc4)

Abschließend wollen wir noch seltenere Entgegnungen auf die klassische Fortsetzung 3. Lc4 unter die Lupe nehmen. Von Bedeutung ist dabei 3. — Sc6 (siehe I), weil diese Variante auch durch Zugumstellung (1. e4 e5 2. Sf3 Sc6 3. Lc4 f5) entstehen kann. Während diese Möglichkeit noch verhältnismäßig großen Raum einnimmt, sind die übrigen Fortsetzungen II 3. — Sf6, III 3. — d6, 3. — De7 und 3. — Df6? wenig umfangreich.

I 1. e4 e5 2. Sf3 f5 3. Lc4 Sc6

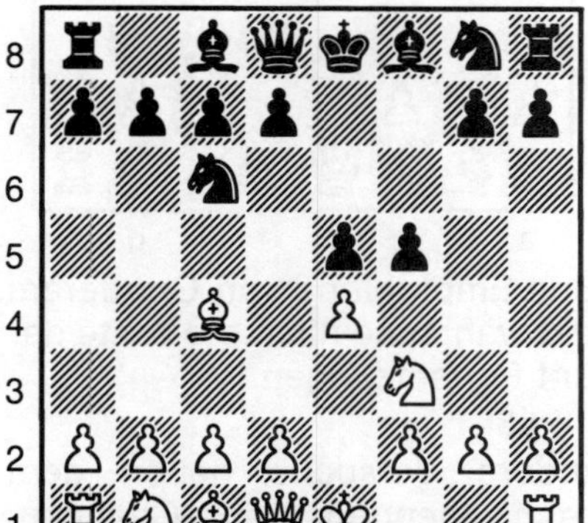

4. d4

Harmlos sind:

1) 4. d3 d6 5. Sg5 Sh6 6. Se6 Lxe6 7. Lxe6 Df6 8. exf5 Sxf5 9. Lb3 0-0-0 10. Sc3 Dg6 11. g3 Le7 12. Ld5 Sb4 13. Lb3 Sd4 =, Strelis — Vitolins, Fernpartie 1972, oder 6. Sxh7 Sg4! 7. Sg5 Sf6! =, aber nicht 7. — Sxh2 8. Lf7† Ke7 9. Lh5 Sg4 10. Th3! Sh6 11. Sc3 Dd7 12. exf5 Sd4! 13. Sd5† Kd8 14. Se6† Sxe6 15. fxe6 Dxe6 16. Lg5† Kd7 17. Lg4 Sxg4 18. Txh8 Dxd5 19. Dxg4† Ke8 20. Dh5† Df7 21. Dxf7† Kxf7 22. 0-0-0!±, Schmid — Boese, Fernpartie 1964.

2) 4. Lxg8 Txg8 5. d4 De7 6. Sc3 d6 7. Sd5 Dd8 8. Lg5 Le7 9. Lxe7 Sxe7 10. dxe5 fxe4 11. Sg5 Lf5 12. exd6 Dxd6 =.

Auf **4. d4** stehen dem Nachziehenden die folgenden Abspiele zur Verfügung:

A 4. — fxe4
B 4. — De7
C 4. — Df6
D 4. — d6
E 4. — Sf6

A 4. — fxe4

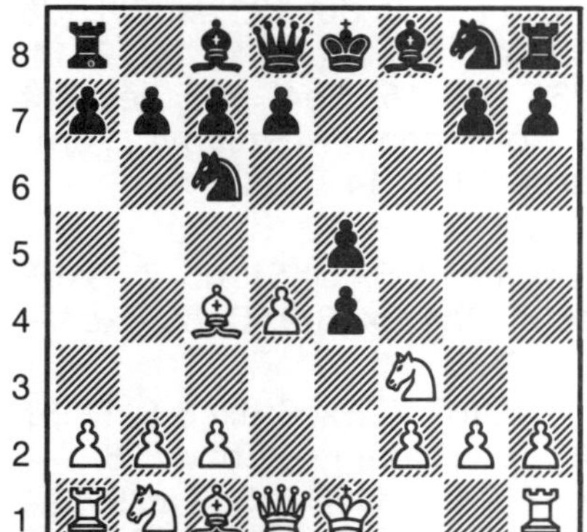

Sieht natürlich aus, scheint aber nicht das Beste zu sein. Nicht empfehlenswert ist 4. — exd4? 5. Sxd4 Sxd4 6. Dxd4 Df6 7. e5! Db6 8. Dd3 Lc5 9. 0-0 Se7 10. Sc3 c6 11. Sa4 Db4 12. Sxc5 Dxc5 13. Le3 Da5 14. Dd6 mit deutlichem Vorteil für Weiß, Bet — Moreno, Fernpartie 1972.

5. Sxe5

Die Alternative 5. Sg5 gibt dem Anziehenden gleichfalls das etwas bessere Spiel nach 5. — d5 6. Lb5 Le7 7. dxe5 (aber nicht 7. Sh3 exd4 8. Sf4 Sf6 9. Dxd4 0-0 10. Lxc6 bxc6 11. 0-0 Ld6 12. g3 c5 13. Dd2 Lxf4 14. Dxf4 Lh3 15. Te1 Sg4 16. Dg5 Txf2! —+, Scott — Strelis, Fernpartie 1971) 7. — Lxg5 8. Dh5† g6 9. Dxg5 Dxg5 10. Lxg5 nebst Sc3 und 0-0-0.

5. — d5

Bei 5. — Sxe5 erhält Schwarz für den Minusbauern keine Kompensation, z. B. 6. dxe5 Se7 7. De2 d6 8. exd5 Dxd6 9. Sc3 Dg6 10. Dxe4 Dxe4 11. Sxe4 h6 12. Lf4 Lf5 13. Lb5†! Kf7 14. Sg3, Kozlov — Motyvay, Fernpartie 1979, oder 6. — De7 7. Lxg8 Txg8 8. Dd5 Th8 9. Sc3 c6 10. Dxe4 De6 11. 0-0 d6 12. exd6 Lxd6 13. Te1 Dxe2 (13. — Kf7? 14. Df3† Df6 15. Se4! und gewinnt in Borrmann — Szilágyi, Fernpartie 1979) 14. Txe2†.

6. Lb5!

Aber nicht 6. Dh5† g6 7. Sxg6 Sf6 8. Dh4 hxg6 9. Dxh8 dxc4∓.

6. — Dd6

6. — Df6? 7. Sxc6 bxc6 8. Dh5† g6 9. Dxd5!+— bzw. 6. — Sge7 7. Lg5 Dd6 8. Sc3 a6 9. La4 b5 10. Lb3 Sxe5 11. dxe5 Dxe5 12. Lxe7 nebst Lxd5±.

7. 0-0 Sf6 8. Lf4 De6 9. c4 Ld6

Nach 9. — Le7? verliert Schwarz schnell: 10. Sc3 0-0? 11. cxd5 Sxd5 12. Sxd5 Dxd5 13. Lc4 +—, oder 10. — Ld7 11. Sxd7 Dxd7 12. cxd5 Sxd5 13. Dh5† +—, oder 11. — Kxd7 12. cxd5 Sxd5 13. Lc4+—.

10. Sc3 Ld7

Auch 10. — a6 11. La4 Ld7 12. Sxd7 Dxd7 13. Lxd6 Dxd6 14. cxd5 b5 15. dxc6 bxa4 16. Dxa4 gibt Weiß Vorteil.

11. Sxd7 Dxd7 12. Lxd6 Dxd6 13. cxd5 a6 14. dxc6 axb5 15. cxb7 Tb8 16. Sxb5 Dd7 17. Db3 Txb7 18. a4 Kd8 19. Dc3 Te8 20. Tfc1 Sd5 21. Dc6

mit weißem Vorteil in Borrmann — Kozlov, Fernpartie 1984.

B 4. — De7

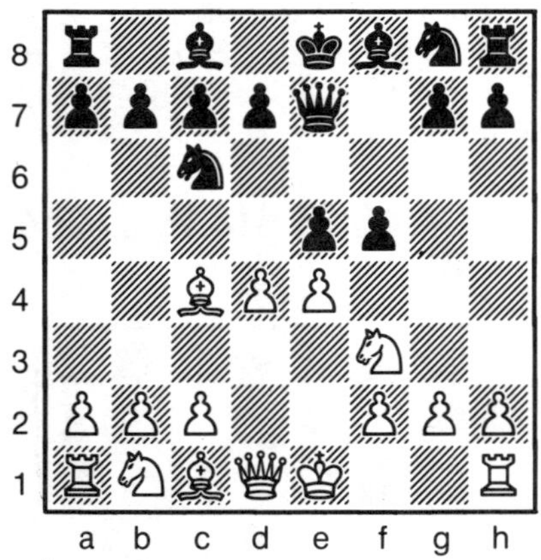

Eine Empfehlung von Gunderam und wahrscheinlich die beste der fünf Fortsetzungen.

5. Lg5!

Andere Versuche geben dem Nachziehenden mehr Chancen:

1) 5. Lxg8 Txg8 6. 0-0 d6 7. exf5 Lxf5 8. dxe5 dxe5 9. Te1 Dd6! 10. De2 0-0-0 =, oder 6. —

fxe4 7. Sxe5 Sxe5 8. dxe5 Dxe5 9. Sc3 d5 10. Dxd5 Dxd5 11. Sxd5 Ld6 12. Te1 Lf5 13. Lg5 Kf7 =, Studier — Gunderam, Fernpartie 1971.

2) 5. Sg5 Sh6 6. Sc3 Sxd4 7. Sd5 Dd6 8. f4 Sc6 mit unklarer Stellung.

3) 5. Sc3 exd4 6. Sxd4 (hier ist 6. Sd5 unbedingt zu beachten!) 6. — Dc5!? 7. Sxc6 Dxc4 8. Se5 De6 9. Lf4 Lb4 10. Dd4 c5 11. Dd3 d6 12. Sc4 mit unklarer Stellung.

4) 5. 0-0 fxe4 (5. — d6 gibt dem Weißen gutes Spiel nach 6. Sc3 g6 7. Lg5 Dg7 8. dxe5 dxe5 9. exf5 Lxf5 10. Te1 Ld6 11. Sb5!, oder 6. Sc3 Sf6 7. Lg5 h6 8. Sd5 Dd8 9. Lxf6 gxf6 10. Sxe5 dxe5 11. Dh5† Kd7 12. Df7† Se7 13. dxe5 Kc6 14. Tad1, Gunderam — Gabrans, Fernpartie 1971, oder 6. exf5 Lxf5 7. Sc3 h6 8. dxe5 dxe5 9. Lf4 Sf6 10. Lxe5 Sxe5 11. Sxe5.) 6. Sxe5! (6. Sg5? Sxd4! 7. Sf7 d5 8. Lxd5 c6 9. Lc4 b5 10. Lg5 Sf6 11. Sxh8 bxc4 12. c3 Se6 13. Lxf6 gxf6 14. Dh5† Kd8$\mp$, oder 7. Lf7† Kd8 8. Lc4 b5 9. Lxg8 Txg8 10. Sxe4 h6 $\mp$, oder 7. Sc3 Sf6 8. Lf7† Kd8 $\mp$, oder 7. Sxe4 Sf6 8. Sbc3 c6 9. Sxf6† gxf6 10. Dh5† Kd8 11. f4 Dc5$\mp$ — Analysen Gunderam) 6. — Sf6 (6. — Sxe5 7. dxe5 Dxe5 8. Lxg8! Txg8 9. Sc3$\pm$) 7. Lg5 (7. Sc3! +=) 7. — Sxe5 8. dxe5 Dxe5 9. Lxf6 gxf6 10. Sc3 Ld6 11. g3 Lb4 12. Sd5 Le7 13. Te1 c6 mit unklarer Stellung.

5. — Db4†

Möglich ist auch 5. — Sf6 6. Sc3 Db4 7. Lb3! (7. Sxe5? Sxe5 8. dxe5 Sxe4$\mp$, oder 7. dxe5 Sxe4 8. Lb3 Sxc3 9. bxc3 Da5 10. 0-0 h6 11. Ld2 Le7 12. Te1 d6 13. exd6 cxd6 14. Sh4 Tf8 15. c4 Dc5 16. Sg6 Tf6 17. Dh5! Kd8 18. Lc3+=) 7. — Sxe4 (7. — exd4 8. a3! Da5 9. Lxf6+=) 8. 0-0 Sxd4 (8. — exd4 9. Sd5 Da5 10. De1!$\pm$) 9. Sxe5! Sxg5 10. Dh5† g6 11. Dxg5! Le7 12. Dh6 Sxb3 13. Sd5! Dd6 14. Tad1 c6 15. Sxe7 Dxe7 16. Tfe1 Kd8 17. Sxc6†!

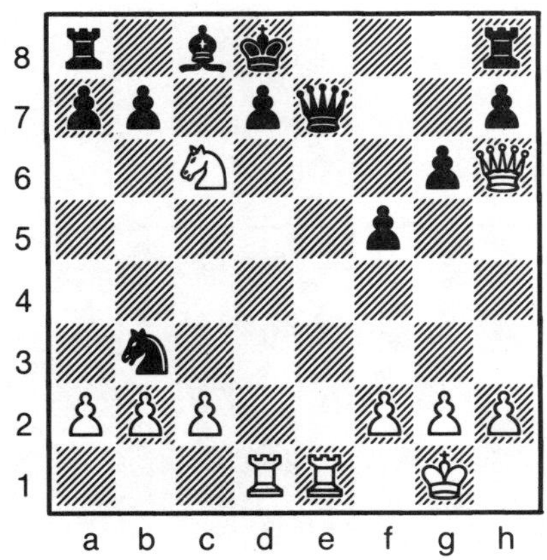

mit Gewinn in Spasski — Unglaub, Fernpartie.

6. Sbd2 exd4 7. exf5 Le7!

Nachteilig ist 7. — Sf6?! 8. Lxf6 gxf6 9. De2† Le7 10. 0-0-0$\pm$.

8. 0-0

Nur Ausgleich ergibt 8. a3 Dc5 9. Ld3 Lxg5 10. Sxg5 De5† 11. De2 Sf6.

8. — Sf6 9. De2 Kd8 10. Sb3 d5 11. Lxf6 Lxf6 12. Lxd5 Te8 13. Dd3 Se7 14. Le6 Lxe6 15. fxe6 Dd6 16. Sfxd4!$\pm$ (Tiemann — Borrmann, Fernpartie 1984).

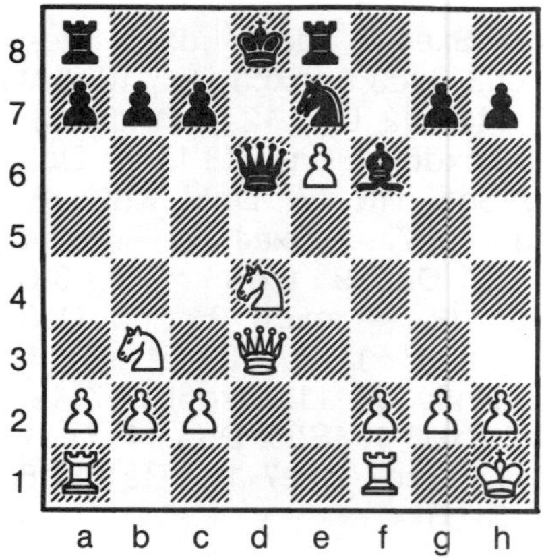

C 4. — Df6

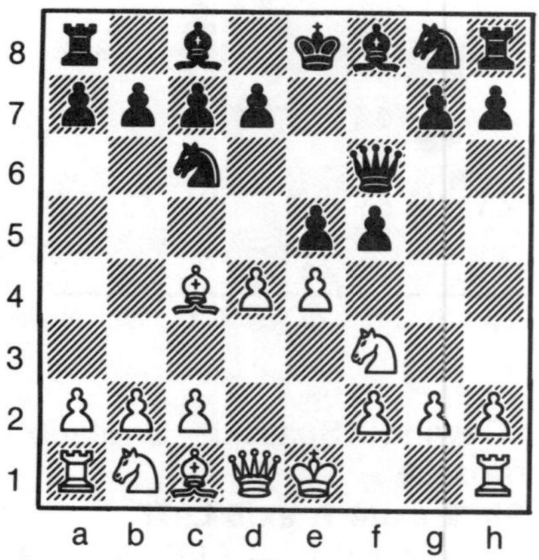

Bei genauem Spiel erhält auch hier Weiß Vorteil.

5. Lg5! Dg6 6. exf5 Dxf5 7. dxe5 h6 8. Ld3 De6 9. Le3 Sge7 10. 0-0 g5 11. Sc3!

Nach Dd2 und Tad1 hat Weiß spürbaren Vorteil.

D 4. — d6

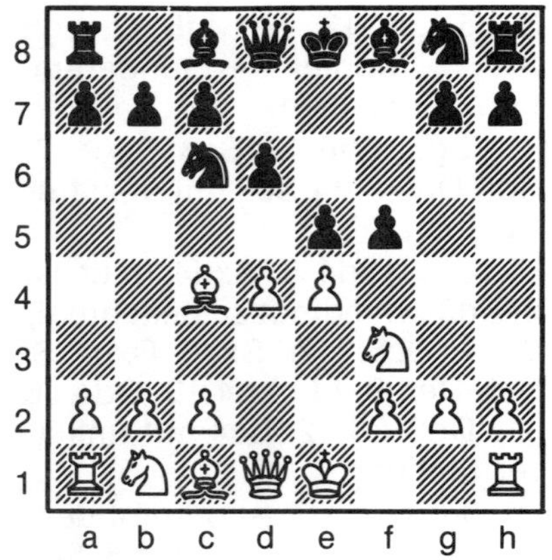

Dieser Zug ist praktisch nicht spielbar.

5. Sg5!

Nach 5. dxe5 Sxe5! (5. — fxe4 6. Sg5 Sxe5 7. Lxg8 Txg8 8. Sc3 c6 9. Sxe4

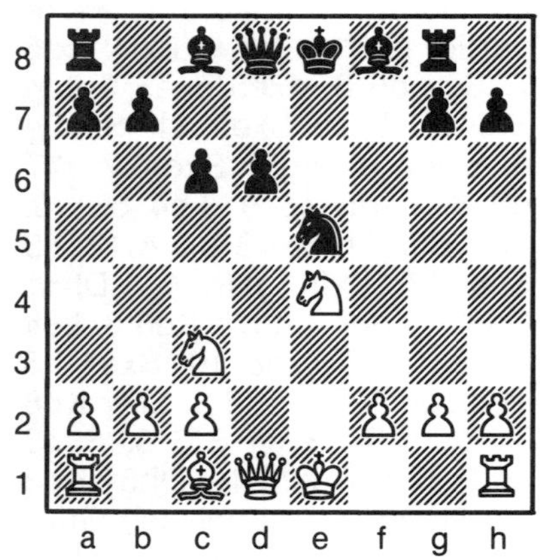

bzw. 6. Dd5 De7 7. Lg5 Le6 8. Dxe4 mit weißem Vorteil in beiden Fällen.) 6. Sxe5 dxe5 7. Lf7† Ke7 8. Lg5† Sf6 9. Dxd8† Kxd8 10. Sc3 Lb4! ist die Stellung unklar. Dagegen erhält Weiß nach 5. — dxe5 6. Dxd8† Kxd8 7. Lg5† Sf6 8. Sc3 Vorteil.

5. — Sh6 6. d5 Se7 7. Sc3 c6

8. f4 b5 9. Lb3 b4 10. Se2 fxe4 11. 0-0 Lf5 12. Sg3, und Weiß hat klaren Vorteil.

E 4. — Sf6

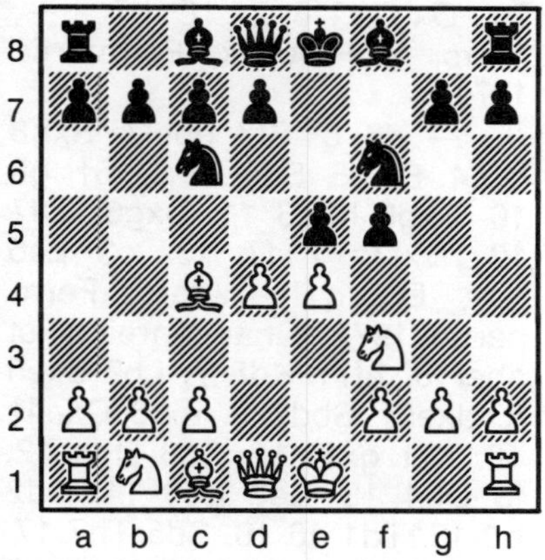

Ein bisher nicht bekannter Zug, der für den Nachziehenden spielbar zu sein scheint.

5. Sxe5

Entscheiden über das Für oder Wider von 4. — Sf6 werden Untersuchungen der Varianten nach 5. Sg5 bzw. 5. Lg5.

5. — Sxe5 6. dxe5 Sxe4 7. 0-0 Lc5 8. Le3

Schon wegen der Drohung 8. — Lxf2† 9. Txf2 Sxf2 10. Kxf2 Dh4† nebst Dxc4 notwendig.

8. — De7 9. Ld4 c6 10. Sc3 b5 11. Sxe4 fxe4 12. Lb3 Lb7

Es droht Lxd4 nebst c5-c4.

13. c3!

Und aufgrund der Schwäche des Bauern e4 hat Weiß leichten Vorteil.

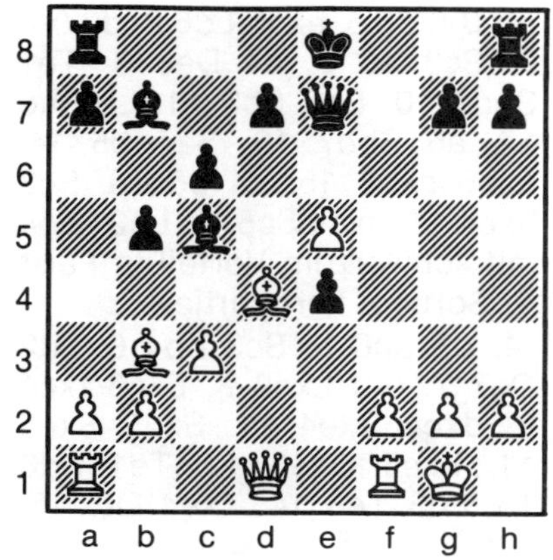

II 1. e4 e5 2. Sf3 f5 3. Lc4 Sf6

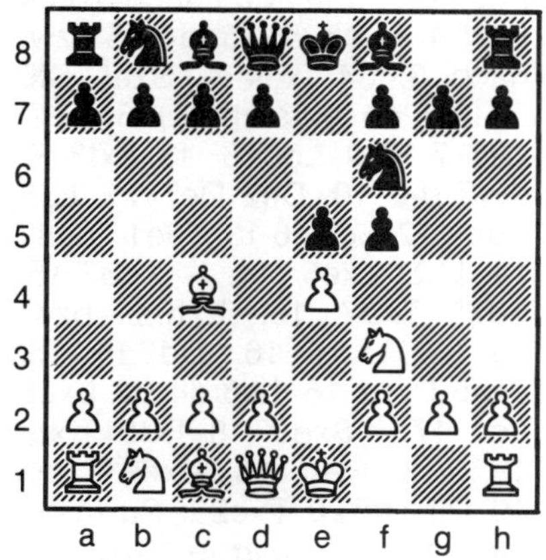

Morgados Zug, der von einigen theoretischem Interesse ist. Bei energischem Spiel erlangt aber auch hier der Weiße Vorteil.

4. Sxe5

In der Praxis kamen noch vor:

1) 4. Sc3?! fxe4! 5. Sxe5 d5! 6. Sxd5 Sxd5 7. Dh5† g6 8. Sxg6 hxg6 9. Dxh8 (auch 9. Dxg6† beläßt Schwarz in der Vorderhand) 9. — Df6 10. Dh7 Le6 11. d3 Lb4† 12. Kf1 Lc5!, und Schwarz gewann in Arguelles — Barros, Fernpartie 1971.

2) 4. 0-0 d5 5. exd5 Ld6 6. d3 0-0 7. Sc3 a6 8. a4 De8 9. Te1 Sbd7 10. Ld2 Sb6 11. Lb3 h6 12. a5 Sbd7 13. Sa4 b5 14. axb6 cxb6 15. c4 b5 16. Sc3 bxc4 17. dxc4 Sc5 18. Lc2 Sce4 mit schwarzem Vorteil in Feist — Soruco, Fernpartie.

3) 4. d3 Sc6 5. Sc3 Lb4 6. Ld2 De7 7. 0-0 Lxc3 8. Lxc3 fxe4 9. dxe4 Sxe4 10. Sxe5 Sxe5 11. Lxe5 Dxe5 12. Te1 Kd8 13. Ld3 Te8 14. Txe4 Df6 15. Txe8† Kxe8 mit unklarer Stellung in Feist — Gasser, Fernpartie 1971.

4) 4. d4! fxe4 5. Sxe5 d5 (Diese Position kann auch nach 3. Lc4 fxe4 4. Sxe5 Sf6 5. d4 d5 bzw. nach 3. d4 fxe4 4. Sxe5 Sf6 5. Lc4 d5 entstehen.) 6. Le2! Le6 7. 0-0 Ld6 8. f3 exf3 9. Lxf3 0-0 10. De2 De7 11. Lg5 Sbd7 12. Sc3 c6 13. Tae1 Tae8? 14. Lh5! Lxe5 (14. — Td8? 15. Sd7! Txd7 16. Lxf6± bzw. 15. — Lxd7 16. Dd2±) 15. dxe5 Dc5† 16. Le3 d4 17. Lxe8 Lc4 (17. — Sxe8? 18. Txf8† Kxf8 19. Lf2 +—) 18. exf6! Lxe2 19. f7† Kh8 20. Txe2±, Purins — Morgado, Fernpartie 1976.

4. — De7 5. d4

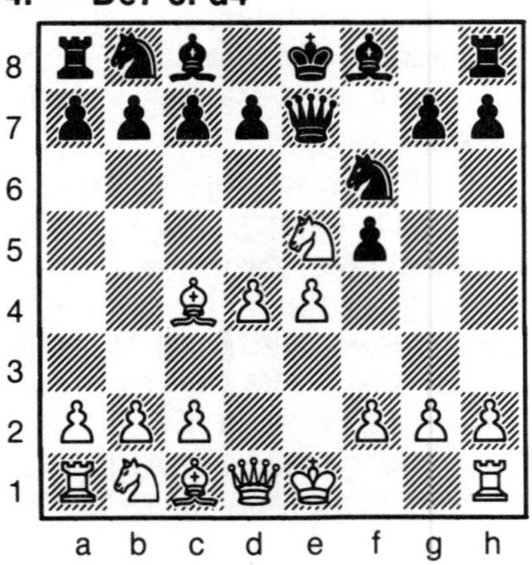

5. — Sc6

Andere Möglichkeiten in der Diagrammstellung sind:

1) 5. — fxe4 6. 0-0 d5 7. Lb3 Sa6 8. c4 c6 9. Sc3 De6 10. Lg5 dxc4 (10. — Sc7 11. Lxf6 gxf6 12. cxd5 cxd5 13. Dh5†±) 11. Lxc4 Sd5 12. Sxe4 Le7 13. f4 Lxg5 14. Sxg5 Df6 15. Df3 Le6 16. Sxe6 Dxe6 17. f5 Dd6 18. Dh5† Ke7 19. Df7† Kd8 20. Dxg7 Tf8 21. Dxb7 +—, Atars — Holecek, Fernpartie 1971.

2) 5. — d6 6. Sf7 d5! 7. Sxh8 dxc4 8. e5 Sd5 9. Dh5† g6 10. Sxg6 hxg6 11. Dxg6† Df7 12. Dxf7† Kxf7 13. c3 Le6 +=, Braun — Atars, Fernpartie 1972. Chancenreich ist aber 6. Lf7† Kd8 7. Lb3 dxe5 8. dxe5† Sbd7 9. exf6 Dxe4† 10. Kf1 gxf6 11. Sc3 Dg4 12. f3 Dh4 13. Le3 Ld6 14. Dd2 h6 15. Td1 a6 16. Sd5 Th7 17. Lf4 Le5 18. Lxe5 fxe5 19. Sxc7 Kxc7 20. Dxd6† und gewinnt in Borrmann — Fiorito, Fernpartie 1984.

6. 0-0!

Alternativen sind:

1) 6. Sxc6 Dxe4† 7 De2 Dxe2† 8. Kxe2 bxc6 9. Te1 d5 10. Ld3 Ld6 11. Kf1† Kf7 12. h3 Tb8 13. b3 Se4=, Kotek — Morgado, Fernpartie 1971.

2) 6. Sc3!? Sxe5 7. dxe5 Dxe5 8. 0-0

siehe nächstes Diagramm

8. — fxe4 9. Sd5 Sxd5 10. Lxd5 c6 11. Lxe4 d5 12. Ld3 Le7 13. Te1 Df6 14. De2 0-0! 15. Dxe7 Dxf2† 16. Kh1 Lh3! 17. gxh3 Df3† mit Dauerschach, aber nicht 14. — Kd8? 15. Ld2

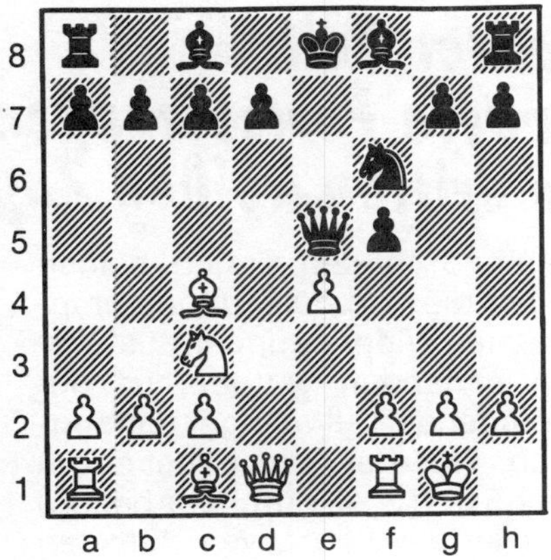

Ld6 16. Dh5 Kc7 17. Lg5 Df8 18. Te3 Ld7 19. Tae1 Te8 20. Txe8 Lxe8 +=, Atars — Morgado, Fernpartie 1970.

6. — fxe4

Schlechter ist 6. — Sxe5 7. dxe5 Sxe4 8. Sc3! Sxc3 9. bxc3 nebst a4 und La3 ± bzw. 8. — Sc5 9. Sd5 Dd8 10. Df3±.

7. Lf7† Kd8 8. f4 Sxe5 9. fxe5 Dxf7 10. exf6 gxf6 11. Sc3 d5 12. Le3 Tg8 13. Dd2 c6 14. Tf2 Ld6 15. Lf4 Kc7 16. Taf1 f5 17. Se2 Le6 18. Sg3 Taf8 19. Da5† Kd7 20. Dxa7 Lxf4 21. Txf4 Kd6 22. b4!± (Grobe — Padula, Fernpartie 1972).

III 1. e4 e5 2. Sf3 f5 3. Lc4

Hier sollen noch kurz die Erwiderungen 3. — d6, 3. — De7 und 3. — Df6? untersucht werden.

1) 3. — d6

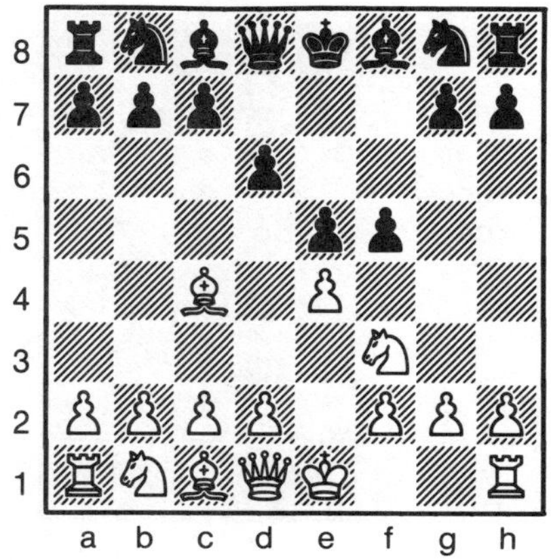

4. d4

Diese Position ist aus der Philidor-Verteidigung bekannt. Sie entsteht nach 1. e4 e5 2. Sf3 d6 3. d4 f5 4. Lc4.

4. — c6

Wegen 4. — Sc6 siehe Ziffer I,D in diesem Kapitel. Nach 4. — exd4 5. Sg5 Sh6 6. 0-0 Sc6 7. Te1! f4 8. Lxf4 Df6 9. Dd2 Se5 (9. — Le7!?) 10. Le2 Lg4 11. f3 Ld7 12. Lg3 0-0-0 13. f4† hat Weiß klaren Vorteil. Gleiches gilt für 4. — fxe4 5. Sxe5 dxe5 6. Dh5†.

5. dxe5 fxe4 6. Lxg8 Txg8 7. Sg5 Da5† 8. Sc3 Dxe5 9. Dh5† g6 10. Dxh7 Tg7 11. Dh4 d5 12. Lf4 Df5 13. h3 Sd7 14. 0-0-0 Sf6 15. f3 exf3 16. The1† Te7 17. Sxf3 Sg8 18. Ld6 Lh6† 19. Kb1 Txe1 20. Txe1† Kf7 21. Dd8± (Harju — Fiorito, Fernpartie 1984).

2) 3. — De7

siehe nächstes Diagramm

4. Sc3! Sf6 5. d4! Sxe4 6. Sxe4 fxe4 7. Sxe5 g6 8. Lf7† Kd8 9. Lb3!± oder **5. — exd4 6. Sxd4 d5!? 7. Sxd5 Dxe4† 8. Se3!? Lc5** (8. — f4 9. 0-0 nebst Te1) **9. Sb5**

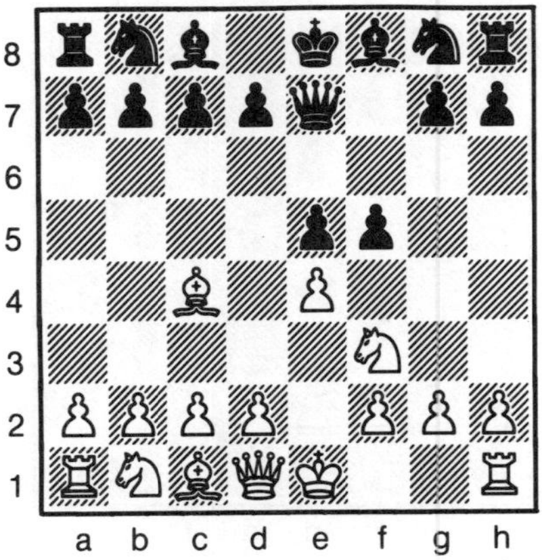

f4 10. Sxc7† Ke7 11. Scd5† Kf8 12. Sxf6 gxf6

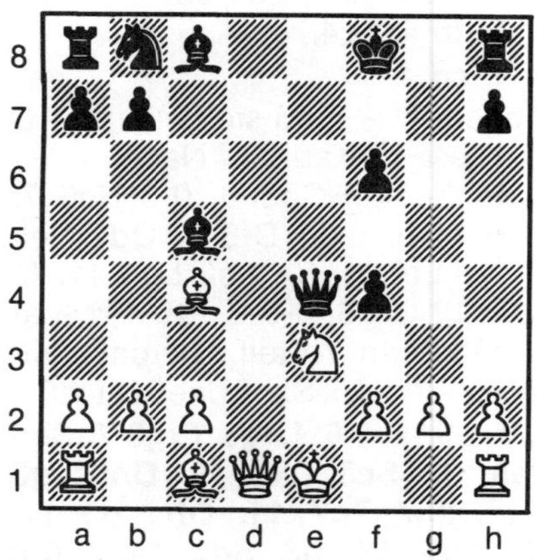

13. Dd5 (noch stärker ist 13. Dh5 De7 14. Dh6† nebst Dxf4) **13. — De7 14. 0-0 fxe3 15. Lxe3 Lxe3 16. fxe3 Sc6 17. Txf6! Ke8 18. Dh5† Kd8 19. Td1† Ld7 20. Tfd6 Se5 21. Le6**
und gewinnt in Tiemann — Alloin, Fernpartie 1984.

3) 3. — Df6? 4. d4 fxe4 5. Sxe5 Se7 6. Lf7† Kd8 7. Sc3 d6 8. Sxe4 Df5 9. Sg3 Df6 10. 0-0 ±.

Dritter Teil: Andere Fortsetzungen im dritten weißen Zug

Während in den ersten beiden Teilen die von der Theorie empfohlenen Widerlegungen ausführlich behandelt wurden, ist der vorliegende Teil weniger umfangreich. Trotzdem beinhaltet er mit 3. exf5 und 3. d4 durchaus beachtenswerte Alternativen für den Anziehenden, die zudem den Vorteil besitzen, nicht so weit ausanalysiert zu sein. Im einzelnen ist der dritte Teil gegliedert in:

Kapitel 1 — 3. exf5
Kapitel 2 — 3. d4
Kapitel 3 — 3. Sc3
und andere Fortsetzungen.

Erstes Kapitel (1. e4 e5 2. Sf3 f5 3. exf5)

1. e4 e5 2. Sf3 f5 3. exf5

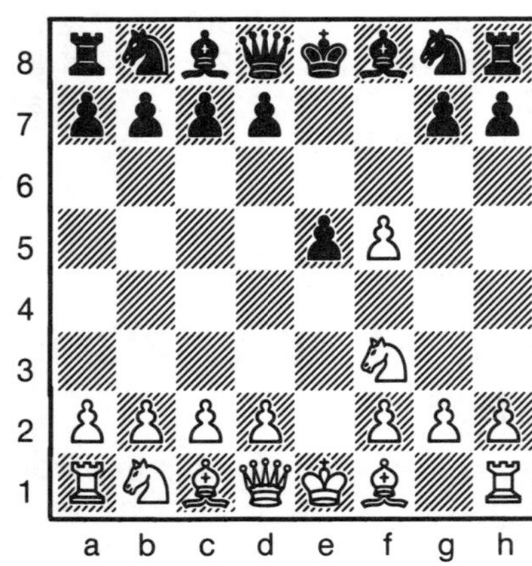

Dieser Zug wird in der Praxis relativ selten gespielt, obwohl er für den Nachziehenden gar nicht so leicht zu bekämpfen ist. Von den Erwiderungen des Schwarzen ist nur 3. — e4 geeignet, ihm ausreichendes Gegenspiel zu gewährleisten. Der vorliegende Stoff wurde dreigeteilt:

I 3. — e4!

II 3. — Lc5?!

III 3. — Sc6; 3. — d6

Andere Züge haben wenig Bedeutung, z. B. 3. — Df6? 4. Sc3! c6 5. De2! mit deutlichem weißen Übergewicht oder 3. — De7?! 4. Lc4 d6 5. 0-0 Lxf5 6. Te1 Sd7 7. d4 0-0-0 8. Lg5 Sgf6 9. dxe5 dxe5 10. De2 e4 11. Sd4 Lg6 12. Sc3 bzw. 9. — Sxe5 10. Sxe5 dxe5 11. Df3 Lg6 12. Sc3, und Weiß hat in beiden Fällen das bequemere Spiel.

I 1. e4 e5 2. Sf3 f5 3. exf5 e4!

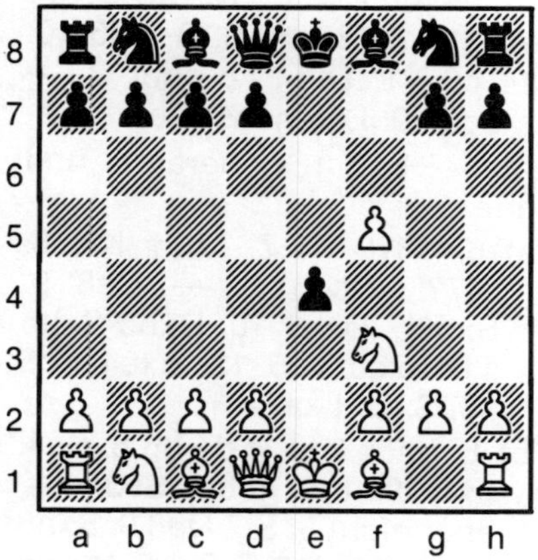

Weiß hat in der Diagrammstellung folgende Möglichkeiten:

A 4. Se5

B 4. Sd4

C 4. De2

D 4. Sg1

A 4. Se5

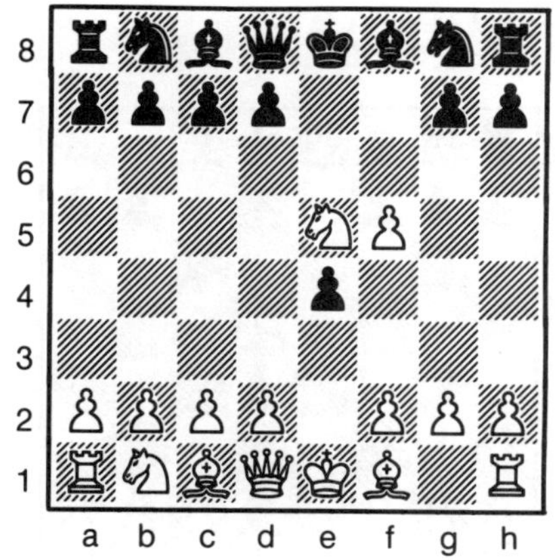

4. — Sf6

Nach 4. — Dg5 hat Weiß das bessere Spiel, z. B. 5. d4! Dxf5 6. Lc4 (6. g4!? De6 7. Lf4! d6 8. Lc4 Df6 9. Lf7†! Ke7 10. Sc3 Le6 11. Dd2 dxe5 12. Lg5 Kxf7 13. Lxf6 gxf6 14. dxe5 mit unklarer Stellung.) 6. — Sc6 7. g4 (Auch 7. Lf7† Ke7 8. Sxc6† dxc6 9. Lb3 bzw. 8. — Kxf7 9. Se5† gibt Weiß etwas Vorteil.) 7. — Df6 8. Sf7 d5! 9. Lxd5 Sxd4 10. Sd2! Le6! 11. Lxe6 Dxe6 12. Sxh8 0-0-0 13. Kf1! g5! 14. Kg2 Lg7 15. Te1 Sf6 16. Sf7! Dxf7 17. Sxe4 Sxe4 18. Txe4 Sb3 19. Dxd8† Kxd8 20. axb3 Dd5 21. f3 Lf6 22. Le3 oder 5. Dg4!? Dxg4 6. Sxg4 d5 7. Se3 Sf6 8. d4, und in beiden Fällen hat der Weiße leichten Vorteil.

5. Le2

Nach 5. g4? gewann Schwarz rasch in Dr. Vashegyi — Grobe, Fernpartie, 5. — De7! 6. Sc4 (6. g5? Dxe5 7. gxf6 Dxf5 8. fxg7 Lxg7∓.) 6. — d5 7. Se3 d4 8. Sg2 h5! 9. g5 Sg4 10. h4 Lxf5 11. Lc4 Se5 12. Le2 d3 13. Lxh5† g6 14. Se3 Txh5 15. Sxf5 Dxg5! bzw. in Criel — Tiemann, Fernpartie 1980, 9. Sf4 Sxg4 10. Sg6 Dc5 11. De2 Lxf5 12. Sxh8 d3 13. b4 Dxc2.

5. — d5!

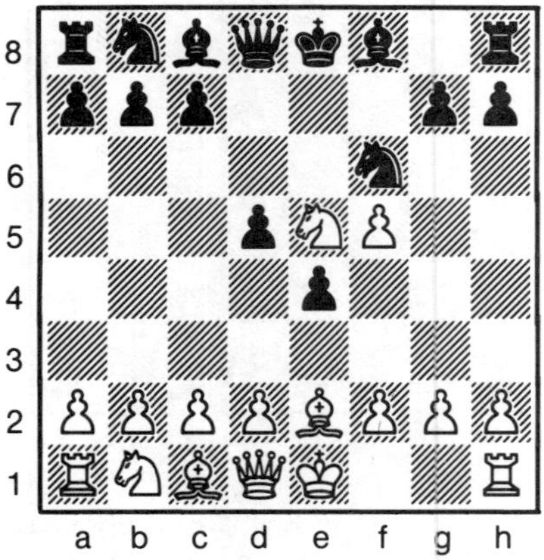

Trotz des zu beachtenden Widerlegungsversuches 7. d3! wahrscheinlich die stärkste Fortsetzung. Andere Möglichkeiten sind:

1) 5. — d6 6. Lh5† Ke7 7. Sf7 De8, und nun

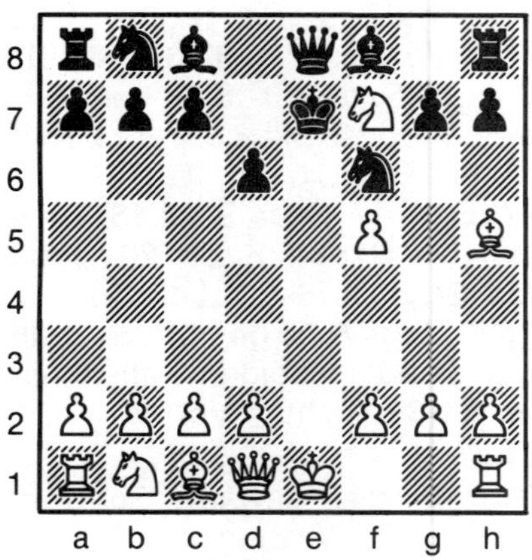

a) 8. Sxh8 Dxh5 (8. — Sxh5? 9. g4 Sf6 10. d3 bzw. 9. d3 exd3 10. 0-0) 9. Dxh5 Sxh5 10. g4 Sf6 11. Tg1! Sc6 12. Tg3 Sd4 13. Kd1 d5 14. d3 nebst Lg5 und Th3 oder 13. — g6 14. d3 gxf5 15. g5 mit weißem Vorteil in beiden Fällen (Keres).

b) 8. d3 (Keres) Sxh5 9. Sxh8 exd3 10. 0-0 Lxf5 11. Te1† Le6 12. g4 Sf6 13. f4+=.

c) 8. Sc3! g6!? (Von Fernschachfreund Gegner, Erlangen, angegeben.) 9. fxg6 (9. Sxh8 gxh5) 9. — hxg6 10. Lxg6 Tg8 11. Lh5 Txg2 12. Le2 Le6 13. Sxe4 Sh5 14. Seg5 Txg5 15. Sxg5 Dg6 mit unklarer Stellung.
Chancenlos sind dagegen 8. — Lxf5? 9. Sxh8 Dxh5 10. Sd5† Kd8 11. Dxh5 Sxh5 12. Sf7† Kd7 13. Sg5 in Tiemann — Schmidt, Fernpartie 1978, und 8. — Sxh5 9. Sd5† Kd7! 10. Dxh5 Tg8 11. f6 Sc6! 12.Sf4 gxf6 13. Df5† Ke7 14. Sd5† Kxf7 15. Dxf6+=, Vitolins — Gebuhr, Fernpartie 1973.

2) 5. — Lc5 6. Lh5† Kf8 7. d4 exd3 8. Sd3 Lb6 9. 0-0 d5 10. a4 c6 11. Df3+=, oder 9. — Sc6 10. Lg5 nebst Te1 +=.

3) 5. — Le7 (Gunderam), und nun

a) 6. d3?! d6! 7. Lh5† Kf8 8. Sf7?! (Sc4!) 8. — De8 9. Sxd6!? Dxh5 10. Dxh5 Sxh5 11. Sxc8 Lc5 12. dxe4 Sc6 13. Sxa7 Lxa7=+.

b) 6. Lh5† Kf8 7. d4 d6 8. Sc4! Lxf5 9. 0-0 nebst Se3 +=, aber nicht 8. Sf7 De8 9. Sxh8 Dxh5 10. Dxh5 Sxh5 11. g4 Sf6 12. g5? Sg8! 13. g6 h6 14. Sf7 Lxf5 15. Tg1 Lf6 16. c3 Se7=+.

6. Lh5† Ke7 7. Sf7

Andere Möglichkeiten sind:

1) 7. d4?! Lxf5 8. Lg5 g6 9. Le2 h6!=+.

2) 7. b3 c5! 8. Sf7 De8 9. Sc3 g6! (Gegner) 10. fxg6 hxg6 11. Lxg6 Tg8 12. Lh5 Le6 13. Sd6!? Dxh5 14. Dxh5 Sxh5 15. Sxb7 Kd7! 16. Sa5 — Sonst folgt Sc6 nebst Kc7 — 16. — Txg2∓.

3) 7. d3! — Ein gefährlicher Widerlegungsversuch des schwarzen Aufbaus — 7. — Lxf5 8. Lg5!

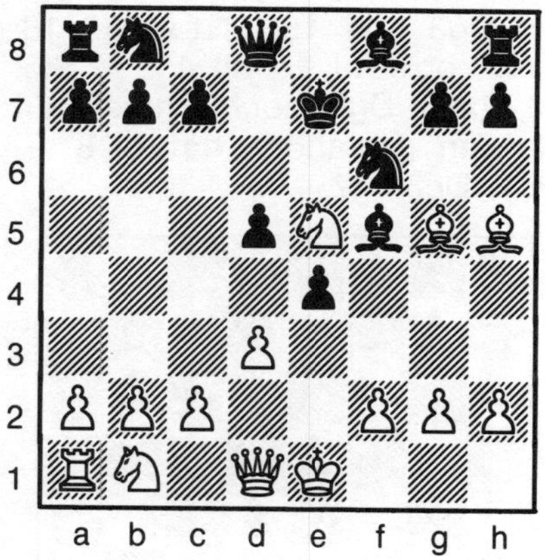

und nun

a) 8. — g6 9. dxe4 Lxe4 10. Lf3+=.

b) 8. — Le6 9. dxe4 dxe4 10. Sc3 Dxd1† 11. Txd1+=.

c) 8. — Dd6! 9. Sf7 Db4†!? [9. — De6?! 10. 0-0! Tg8 11. dxe4 Lxe4 12. Sc3 g6 13. f3!+= bzw. 10. — g6? 11. Sxh8 gxh5 12. Dxh5 Kd7 13. Lxf6 Dxf6 14. Df7†±] 10. Ld2! Dxb2 11. Lc3 Db6 12. Sxh8 d4 mit unklarer Stellung.

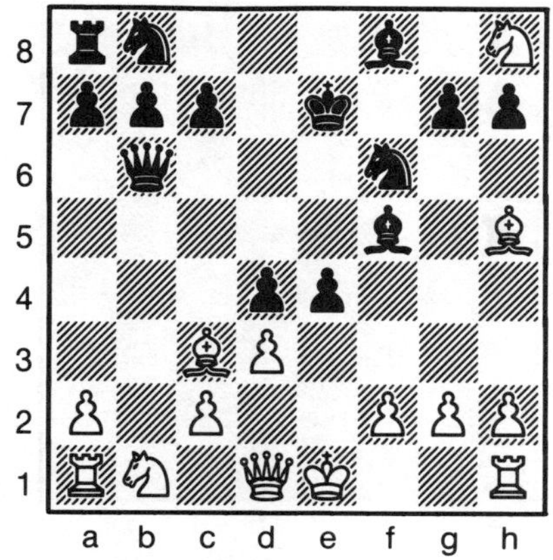

7. — De8 8. Sxh8

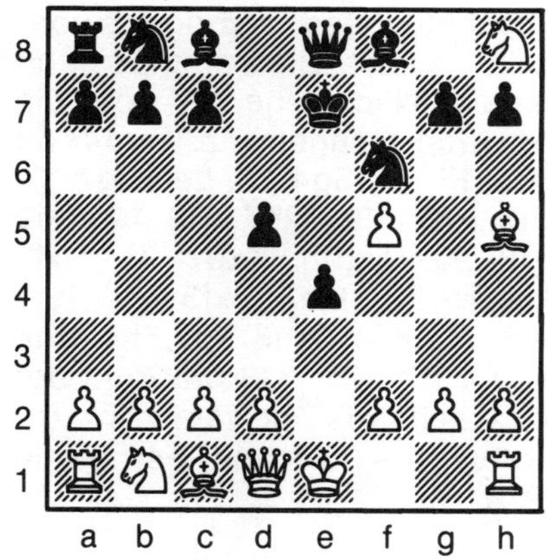

8. Sc3?! kann jetzt gut mit 8. — c6 beantwortet werden.

8. — Dxh5 9. Dxh5 Sxh5 10. g4 Sf6 11. Tg1 Sc6 12. Tg3

Auch 12. c3 Se5 13. g5 Sf3† 14. Kf1 Sxg1 15. gxf6† Kxf6 16. Kxg1 Lxf5 ergab in Harju — Tiemann, Fernpartie 1984, klaren Vorteil für Schwarz.

12. — Sd4 13. Kd1 g6

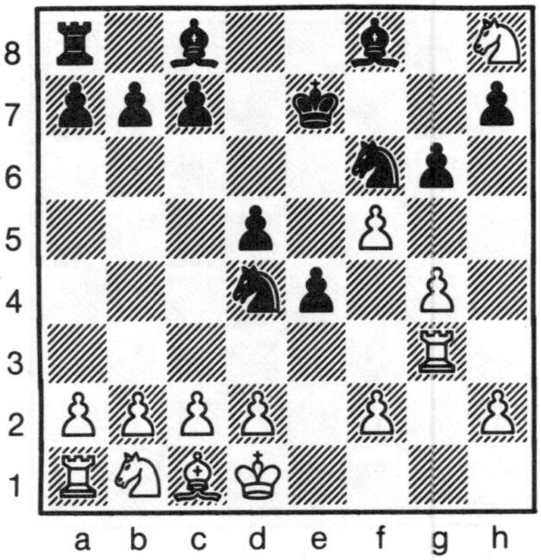

Im Vergleich mit der Variante nach 5. — d6 hat Schwarz ein entscheidendes Tempo gewonnen. In der Diagrammposition hat der Nachziehende wohl die besseren Chancen, z. B. 14. d3 gxf5 15. g5 Sg4 16. Le3 Lg7 17. Th3 Kf8! 18. Txh7 Sf3 19. Sd2 Kg8 20. Txg7† Kxg7 21. Sxf3 Sxe3†! 22. fxe3 exf3 23. Ke1 Le6 24. Kf2 Txh8 25. Th1 Kg6 26. h4 Kh5 27. Kf3 d4!, und der Nachziehende gewann in Dr. Grabner — Tiemann, Fernpartie 1978.

B 4. Sd4

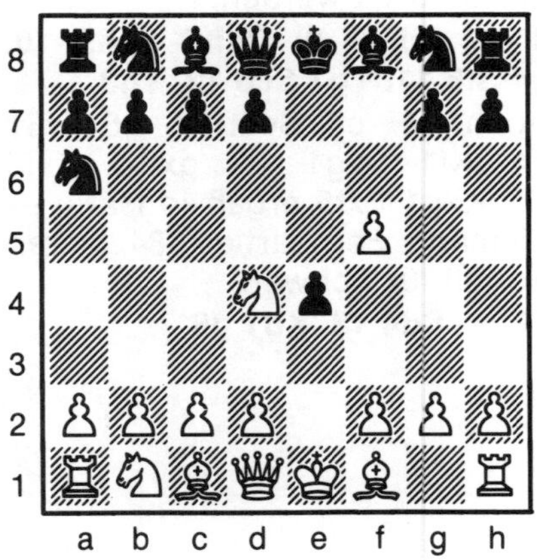

4. — Df6

Schwächer ist 4. — Sf6 5. d3 c5 6. Sb3 exd3 7. Lxd3 d5 8. Lb5† Kf7!+=.

5. Sb5!

Zu aggressiv ist 5. Dh5† g6 6. fxg6 hxg6 7. Dd5 Se7 8. Dc4 (Ganz schlecht ist 8. Dxe4 Th4 9. g4 d5 10. Dd3 Txg4 11. c3 Sc6 12. Le2 Se5! 13. De3 c5!, und Schwarz gewinnt. In Evans — Grivainis, München 1958, verlor Schwarz nach 13. — Txe4? 14. Dg3 Lg4 15. f4 Lxe2?? 16. Sxe2, obwohl er mit 15. — Sf5! 16. fxe5 Dg5 noch immer auf Gewinn gestanden hätte.) 8. — d5 9. Dc3 Lg7

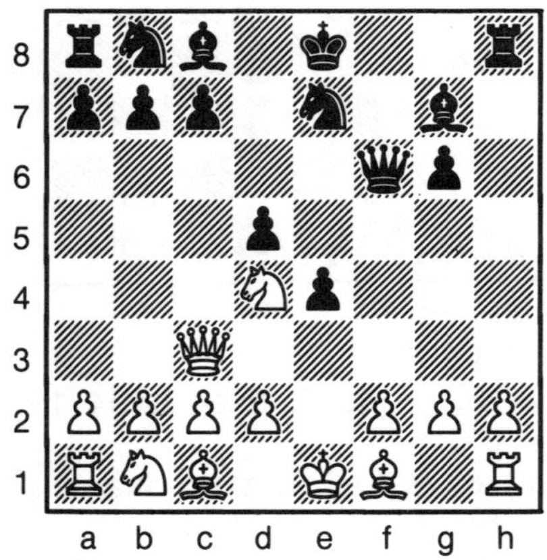

10. Sb5! (Nur so kann Weiß noch Chancen auf Gegenspiel geltend machen.) 10. — Df7! 11. Sxc7† (11. Dxc7? 0-0 12. Dg3 Sf5 13. Df4 Lh6—+.) 11. — Kd8 12. Dc5 Sd7 13. Dd6 Le5 14. De6 (Mit 14. Se6† Ke8 15. Sc7† Kf8 16. Se6† Kg8 ist die Figur nicht zu retten.) 14. — Dg7 15. Sxd5 (15. Sxa8 Sc5 mit Damenverlust) 15. — Sxd5 16. Dxd5 Lxb2 —+ (Analyse Crusi More).

5. — Sa6 6. Dh5†

Nach 6. d3 Dxf5 hat Schwarz guten Ausgleich. Wahrscheinlich

ist dies trotzdem die beste Möglichkeit für den Anziehenden.

6. — g6 7. fxg6 hxg6 8. Dd5 Th5 9. Dc4

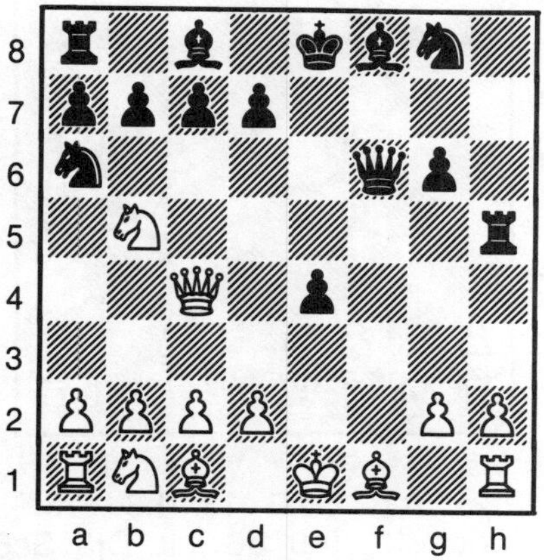

Auf 9. Dxg8 folgt d5 nebst Le6.

9. — c6 10. S5c3 d5 11. De2 Te5 12. a3 Sc5 13. Kd1 Sh6 14. h3 d4 15. Sa2 d3

und gewinnt in Fiorito — Tiemann, Fernpartie 1982.

C 4. De2

4. — De7

Nicht zu empfehlen ist 4. — Sf6 5. d3 d5 6. Sc3 Lxf5 7. Sd4 Lg6 8. Se6 De7 9. Sxf8 Txf8 10. Lg5 mit weißem Vorteil.

5. Sd4 De5!

Aber nicht 5. — Sf6? 6. d3 c5 7. Sb5 d5 8. Lf4±.

6. Sb5 Sc6!

Andere Züge sind schwächer, z. B.

1) 6. — c6?? 7. d4! Db8 (7. — Dxb5 8. Dxe4†+—) 8. Dxe4† Le7 9. Lf4 mit Damengewinn.
2) 6. — Sa6?! 7. d4 Dxf5 8. c4 c6 9. S5c3 Sf6 10. Sd2 d5 11. cxd5 cxd5 12. f3+=.

7. S1c3

Dagegen gibt 7. f4 nur dem Schwarzen chancenreiches Gegenspiel, z. B. 7. — Dxf4 8. S1c3 Dxf5 9. Sxc7† Kd8 10. Sxa8 Sd4 11. Dd1 Lc5!.

7. — Sf6 8. f4!

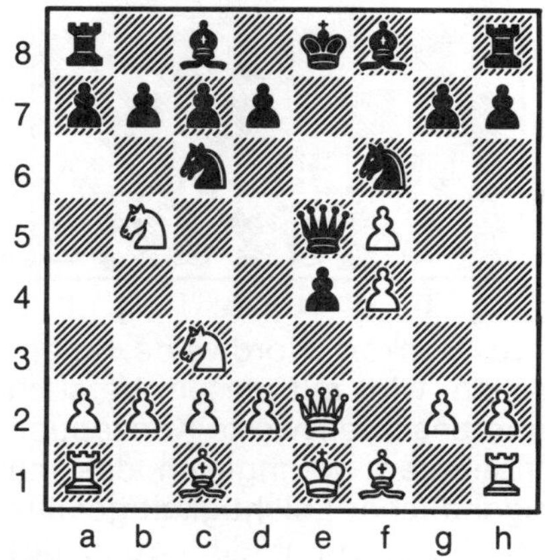

Völlig unzureichend ist 8. d3?? a6! 9. Sa3 Lxa3 mit Materialgewinn.

8. — Dxf4

8. — Dxf5? 9. Sxc7† Kd8 10. Sxa8 Sd4 11. Dc4!±.

9. d3 Dxf5 10. Sxc7† Kd8 11. dxe4

Die andere Fortsetzung bietet folgende Möglichkeiten: 11. Sxa8 Sd4 12. Df2 Dxf2† 13. Kxf2 e3†!! 14. Kxe3 Sxc2†=, oder 14. Lxe3? Sg4†—+, oder 14. Kg3? Sh5† 15. Kh4 Le7† 16. Kxh5 d5 17. g4 g6† 18. Kh6 Se6 nebst Matt, oder 14. Kg1 Sxc2 15. Tb1 Lc5 16. Le2 Sg4! 17. Sd1 Tf8, und Schwarz hat ausreichende Kompensation für das geopferte Material.

11. — Sxe4 12. Dxe4 Dxe4† 13. Sxe4 Kxc7

mit ausgeglichenem Spiel.

D 4. Sg1!?

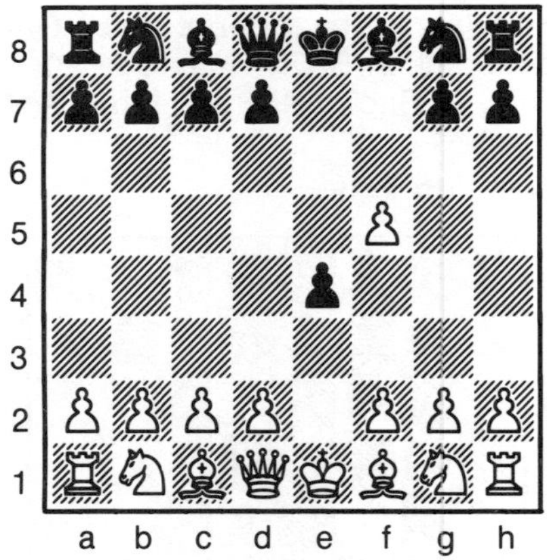

Von Bücker, Nordwalde, angegeben, wird mit diesem Versuch eine beachtenswerte Konzeption angeboten, wenngleich das mit jugendlicher Leichtigkeit gefällte Urteil von der Widerlegung des Lettischen Gambits nicht haltbar ist.

4. — Dg5

Andere und wahrscheinlich bessere Möglichkeiten sind:

1) 4. — Sf6 5. g4 (5. d3 d5) 5. — Lc5 6. d4 exd3 7. Lxd3 h5 8. g5 Sg4 9. Sh3 0-0 10. Sf4 Dxg5 11. Lc4† Kh7

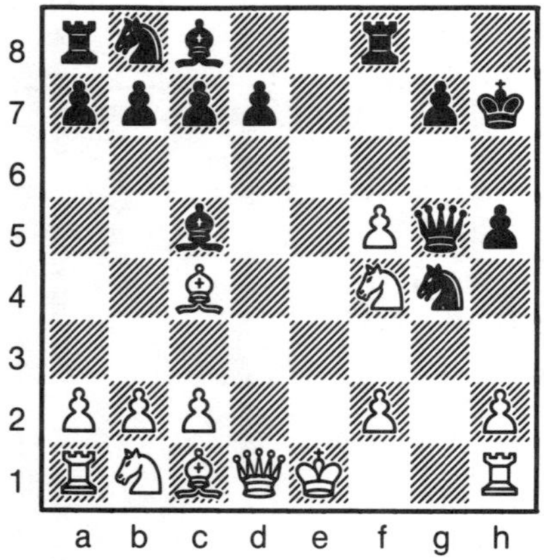

12. Se6 De7! 13. h3 Sf6!∓, oder 10. 0-0 d6 11. Df3 Sc6 mit unklarer Stellung, oder 9. — De7† 10. Kf1 (10. Kd2 Sxf2!) 10. — Sc6! 11. Kg2 (11. Sf4 Sxf2!) 11. — 0-0 12. Te1 Df7 ebenfalls mit unklarer Stellung.

2) 4. — Df6! 5. Dh5† g6! 6. fxg6 hxg6

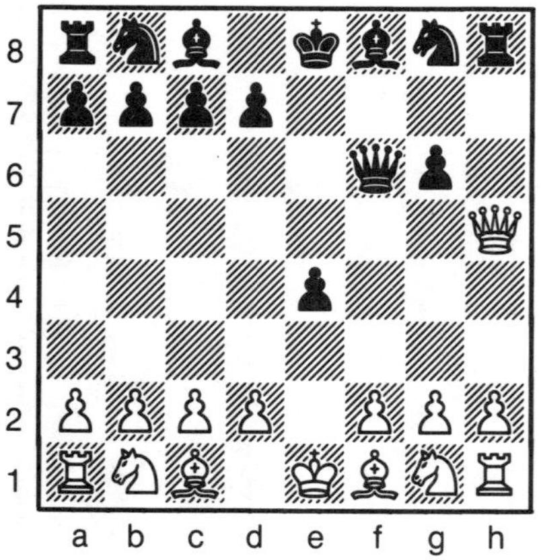

7. Dd5 Th5! 8. Dxg8? d5 nebst Le6, oder 7. De2 Th7! 8. d3 d5 9. dxe4 dxe4 10. f3? Ld6! mit den Drohungen Lxh2 bzw. Dh4†. Der Nachziehende erhält

für den geopferten Bauern gutes Gegenspiel. Mit 5. d3 kann Weiß nach 5. — d5! nicht in die Hauptvariante (5. — Dxf5 6. dxe4 Dxe4† 7. Le2) einlenken.

3) 4. — h5!? 5. Le2 Sf6 6. Sh3 d5 7. Sf4 Lxf5 8. Sxh5 Sxh5 9. Lxh5† g6 10. Le2 Dg5, und Schwarz sollte gutes Gegenspiel besitzen.

Nicht zu empfehlen ist aber 4. — d5? 5. Dh5† Ke7 (5. — g6? 6. Sxg6 Sf6 7. g7† Sxh5 8. gxh8D +—) 6. d3 Sf6 7. Lg5 Lxf5 8. Sc3 exd3 9. Lxf6†! Kxf6 10. Lxd3 De7† 11. Sge2 De5 12. Df3 Ke6 13. Lxf5† Kd6 14. Df4 Dxf4 15. Sxf4 mit Gewinnstellung in Tiemann — Diepstraten, Fernpartie 1986.

5. d3! Dxf5 6. dxe4 Dxe4† 7. Le2

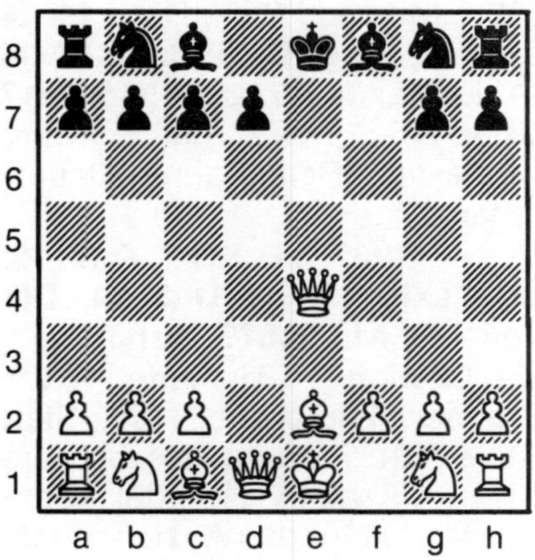

Das ist Bückers Konzeption, durch rasche weiße Entwicklung Vorteil zu erlangen.

7. — Sf6 8. Sf3 Lb4†

Alles andere ist wesentlich schwächer, z. B. 8. — Lc5 9. 0-0 0-0 10. Sc3!, und Schwarz kommt in ernste Schwierigkeiten.

9. c3 La5 10. b4 Lb6 11. 0-0 0-0 12. a4 a5 13. Ld3 Dg4 14. Ta2

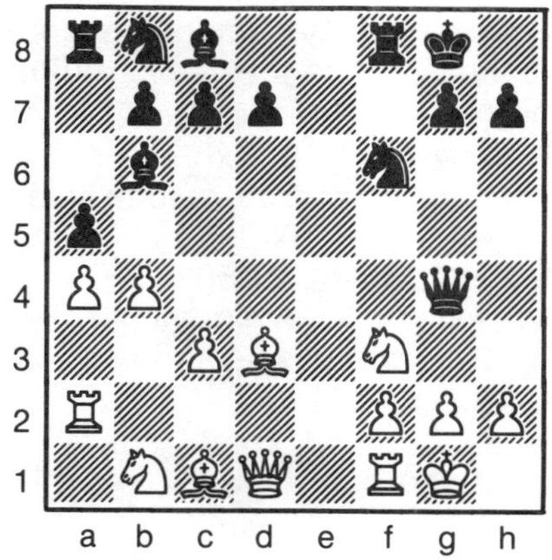

Bücker plädiert für klaren weißen Vorteil. Ganz so leicht scheint es aber doch nicht zu sein, z. B. 14. — d5 15. Te1 Lf5 16. Lg5 Lxd3 (16. — Se4 ist auch zu erwägen) 17. Dxd3 Sbd7 18. Te7 Tae8 19. Tae2 c6, oder 15. Te2 Lf5 16. Se5 Dh5 17. Tfe1 Sbd7 (evtl. auch 17. — Se4), und in beiden Fällen kann der Nachziehende noch gut mitspielen.

II 1. e4 e5 2. Sf3 f5 3. exf5 Lc5?!

Dieser Zug kann nicht als ausreichend angesehen werden, da sich der Weiße um die gegnerischen Drohungen nicht zu kümmern braucht.

4. Sxe5 Lxf2†

Die Idee des dritten schwarzen Zuges.

5. Kxf2 Dh4† 6. Kf3!

Das scheint noch stärker als 6. g3 mit der Fortsetzung 6. — Dd4† 7. Kg2 Dxe5 8. De2

8. — d6 9. Dxe5† dxe5 10. Lb5† c6 11. Ld3 Sh6 12. Te1 += zu sein.

6. — b6! 7. d4 Sf6 8. Sc3!

Schon Alföldy zeigte, daß 8. De2? 0-0 9. Dc4† Kh8 10. Sf7† Txf7 11. Dxf7 Lb7† 12. Ke2 Sc6 zu schwarzem Vorteil führt.

8. — 0-0

Nach 8. — d6? verlor Schwarz schnell in Zimmerl — Dr. Grabner, Fernpartie 1977, 9. De1! Lb7† 10. d5 Dxe1 11. Lb5† c6 12. Txe1 dxe5 13. Txe5† Kf8 14. dxc6 Lxc6† 15. Kg3 Lb7 16. b3!.

9. Lf4

In Leisebein — Borrmann führte 9. g3!? zum Kurzschluß nach 9. — Lb7†? 10. d5! Lxd5† 11. Dxd5†! und 1:0 (Fernpartie 1986). Richtig war 9. — Dh5† 10. g4 Sxg4! 11. Sxg4 Dxf5† 12. Lf4 d6 mit Übergang in die Anmerkung (nach 10. Lc4†!) zu 10. g3?.

9. — d6 10. Lc4†!

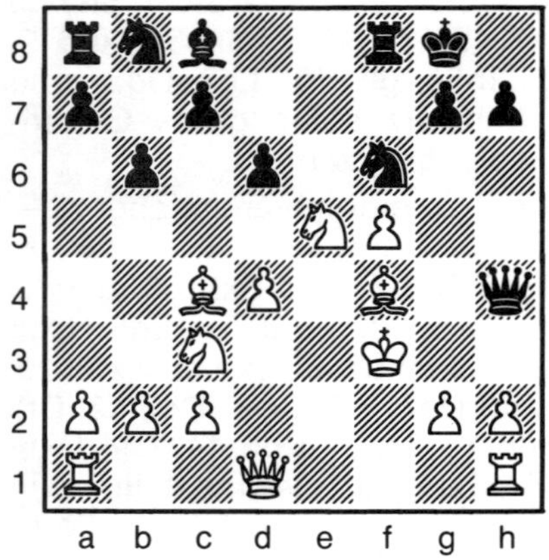

Die Widerlegung des schwarzen Aufbaus. Viel schwächer ist 10. g3?, denn nach 10. — Dh5† 11. g4 Sxg4! 12. Sxg4 Dxf5 13. Kg2 Dxf4 14. Le2 Lxg4 15. Lxg4 (15. Tf1? Dxf1!) 15. — Df2† hat Schwarz mindestens Remis durch Dauerschach.

10. — Kh8? 11. Sf7† Txf7 12. Lxf7 Lxf5 13. g3 Dh3 14. Df1 Dg4† 15. Kf2 Sc6?? 16. h3

mit Gewinn in Tiemann — Dr. Grabner, Fernpartie 1982. Statt 10. — Kh8? ergibt das bessere 10. — d5 nach 11. Ld3! ebenfalls Vorteil für den Anziehenden.

III 1. e4 e5 2. Sf3 f5 3. exf5

Zwei weitere Verteidigungsversuche waren bisher in der Praxis noch anzutreffen:

1) **3. — Sc6**

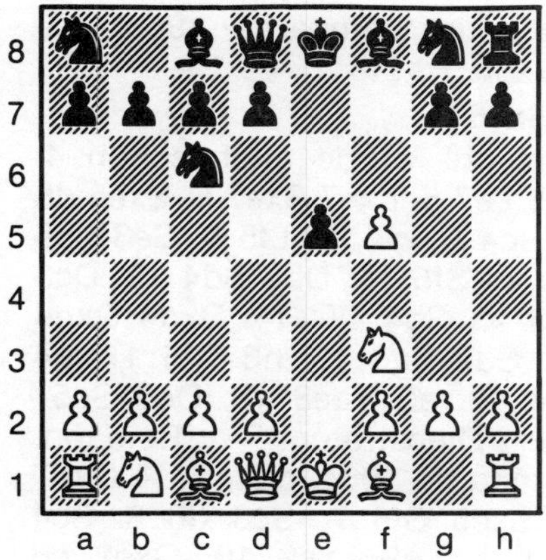

An dieser Stelle sei noch darauf hingewiesen, daß nach 3. — Sf6 4. Sxe5 durch Zugumstellung die Variante nach 3. Sxe5 Sf6 4. exf5 — siehe Hauptsystem, Kapitel 3 — erreicht wird.

4. d4! e4

Nach 4. — exd4 5. Sxd4 erhält Weiß die besseren Chancen, z. B. 5. — Sxd4 6. Dxd4 Df6 7. Dxf6 Sxf6 8. Sc3 Lb4 9. Ld2 c6 10. 0-0-0 d5 11. Ld3 +=, oder 6. — Sf6 7. Ld3 Le7 8. 0-0 0-0 9. c4 +=, oder 5. — Sf6 6. Sxc6 bxc6 7. Le2 De7 8. 0-0 Df7 9. Lf4 d5 10. Ld3 Le7 11. Ld2 0-0 12. Te1 Lc5 13. Df3 +=, Richter — Petrov, 1936, oder 4. — De7 5. dxe5 Sxe5 6. Sxe5 Dxe5† 7. De2 d6 8. Dxe5† dxe5 9. Ld3 +=.

5. Se5 Sf6 6. g4! h5

7. g5 Sxe5 8. dxe5 Sg4 9. Dd5 De7 10. Dxe4, und Weiß hat klaren Vorteil.

2) **3. — d6**

siehe nächstes Diagramm

4. d4

Nach 4. Ld3 Sh6 5. 0-0 Le7 6. Lc4 Lxf5 7. d3 Sd7 8. Sc3 c6 erhält Schwarz annähernden Ausgleich.

4. — e4 5. Sg5 Lxf5 6. De2!

Andere Möglichkeiten sind

a) 6. Sc3! Sf6 7. f3 De7 8. fxe4 Lxe4 9. Sgxe4 Sxe4 10. Sxe4 Dxe4† 11. Le2!± (Bücker).

b) 6. f3 De7! (Gunderam) 7. fxe4 h6! bzw. 7. Lc4 Sf6 mit unklarer Stellung.

c) 6. g4? Ld7 7. Lc4 Sf6 8. Sf7 De7 9. g5 Sc6! 10. gxf6 Dxf6 11. Sxh8 Sxd4 12. Dh5† (12. Sd2 e3! 13. fxe3 Dh4† 14. Kf1 Lh3† 15. Kg1 Dg5† mit baldigem Matt.) 12. — g6 13. Dxh7 0-0-0 14. Sd2 Sxc2† 15. Kd1 Sxa1 16. Tg1 Dxf2 17. Dxg6 e3 18. Sf1 Lf5! mit Gewinn für Schwarz in Zeidaks — Atars, Fernpartie 1974.

6. — Le7 7. Sxe4 Sc6 8. c3 Dd7

9. Sg3 Lg6 10. Le3 Sf6 11. Sd2 0-0-0 12. Db5 d5 13. Da4 Sg4 14. Lb5 Sxe3 15. fxe3 Lg5 16. Sb3 Dd6 17. Sc5 Lxe3 18. Sxb7! und gewinnt in Szilgyi — Kozlov, Fernpartie.

Zweites Kapitel
(1. e4 e5 2. Sf3 f5)

Abschließend werden weniger gebräuchliche Fortsetzungen des Anziehenden im 3. Zug untersucht, von denen 3. d4 noch die größte Bedeutung hat. Dreigeteilt sind 3. d4, 3. Sc3 und 3. sonstige Züge nacheinander dargestellt.

I 1. e4 e5 2. Sf3 f5 3. d4

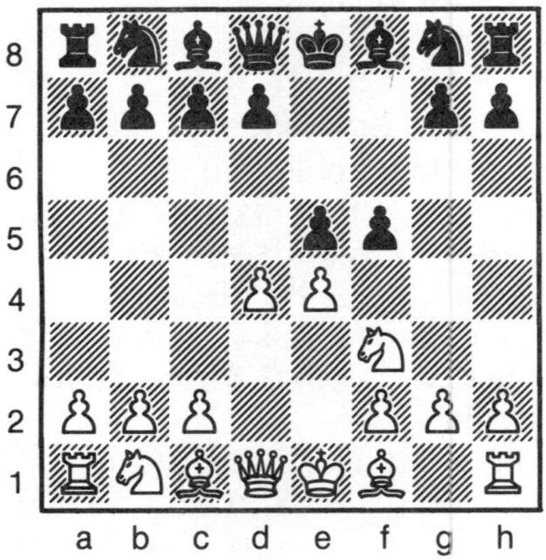

3. — fxe4

Andere Fortsetzungen sind:

1) 3. — d6 4. Sc3! — Jetzt ist die Philidor-Verteidigung durch Zugumstellung erreicht — 4. — fxe4 5. Sxe4 d5 6. Sxe5 dxe4 7. Dh5† g6 8. Sxg6 Sf6 9. De5† Kf7 10. Lc4† Kg7 11. Lh6† Kxh6 12. Sxh8 Lb4† 13. c3 Dxh8 14. cxb4± (Keres). Zu 4. Lc4 siehe Klassisches System, Kapitel 3 nach 3. Lc4 d6 4. d4.

2) 3. — exd4 4. Lc4 fxe4 5. Se5 d5 6. Dh5† g6 7. Sxg6 Sf6 8. De5† Le7 9. Lg5 hxg6 10. Lxf6 Sd7 11. Lxe7 Sxe5 12. Lxd8 Kxd8! (12. — dxc4? 13. Lxc7 Th5 14. Sd2! +=, Amilibia — Bardin, Fernpartie 1968) 13. Lxd5 +=.

4. Sxe5

Versucht wurde auch schon 4. Lg5 Le7 5. Lxe7 Sxe7 6. Sxe5 d6 7. Sc4 0-0 8. d5 Lf5 9. Se3 Lg6 10. c4 Sf5 11. Db3 Sd4 12. Dc3 Df6 13. Sg4 Df4 14. Dxd4 Dxg4 15. Sd2 Sa6 16. h3 Df5 17. g4 Df4 18. a3 Tae8 19. De3 Sc5 =+, Diepstraten — Tiemann, Fernpartie 1984, oder 5. — Dxe7 6. Sxe5 Sf6 7. Sc3 d6 8. Sc4 Lg4 9. Le2 Lxe2 10. Dxe2 c6 11. d5 0-0 12. 0-0-0 b5 13. Se3 b4 14. Sb1 c5 15. Thf1 Sbd7 16. c4 bxc3 17. Sxc3 Tf7=+, Diepstraten — Fiorito, Fernpartie 1984.

4. — Sf6

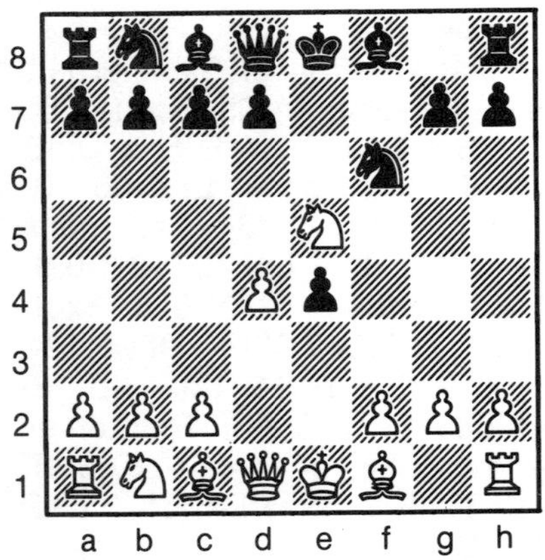

Danach hat Weiß folgende Möglichkeiten:

A 5. Lg5
B 5. Lc4
C 5. Le2!

Auf das harmlose 5. Sc3 folgte in van den Bosch — Apschenek, 1930, 5. — d6 6. Sc4 d5 7. Se5 Ld6 8. Le2 0-0 9. f3 exf3 10. Lxf3 c6 mit bequemem Ausgleich, und 5. c4? verliert nach 5. — d6 eine Figur.

A 5. Lg5

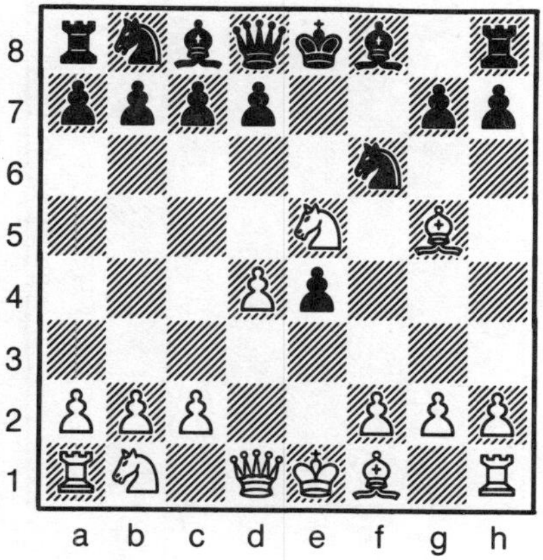

5. — d6

Andere Züge sind unklar:

1) 5. — De7 6. Le2 d6 7. Lh5† g6 8. Sxg6 hxg6 9. Lxg6† Kd8 10. Sc3 c6 11. Sxe4 Lg7 12. Df3 Sbd7 13. 0-0 +=.

2) 5. — g6 6. Le2 d6 7. f4 Le7 8. Sg4 Sxg4 9. Lxg4 Sc6 10. d5 Lxg4 11. Dxg4 Sd4 12. Sc3 Sxc2† 13. Kd2 Sxa1 14. Sxe4 Lg5† 15. Sxg5 Df6 16. Te1† Kf8 mit unklarer Stellung.

6. Sc3!

Aus heutiger Sicht ein chancenreiches Figurenopfer. Das solide 6. Sc4 ergibt nach 6. — Le7 7. Le2 0-0 8. 0-0 c6 bzw. 8. — De8 nebst 9. — Dg6 und b5 Ausgleich für Schwarz.

6. — Lf5

Andere Fortsetzungen bieten eher geringere Chancen, z. B.

1) 6. — dxe5 7. dxe5 Dxd1† 8. Txd1 h6! (In Pupols — Kotek, Fernpartie 1970, ergab 8. — Sfd7? klaren weißen Vorteil nach 9. Sd5 Sc5 10. Sxc7† Kf7 11. Sxa8 Se6 12. Lc4 Sa6 13. Le3, und 8. — Lg4!? scheint nach 9. Td2 h6 10. Lxf6 gxf6 11. Sd5 Sd7 12. Sxc7† Kd8 13. Sxa8 fxe5 auch nicht ganz ausreichend für Schwarz zu sein.) 9. Lxf6! gxf6 10. Sd5 Kf7! 11. Sb6† (Hier scheint 11. e6†! mindestens gleichstark zu sein, z. B. 11. — Kd6 12. Sf4†! Kc6 13. Sg6 Lb4† 14. c3 +— bzw. 13. — Tg8 14. e7 Lg7 15. Td8 +—, oder 11. — Kc6 12. e7 Lg7 13. Lb5† Kxb5 14. Sxc7† Kc6 15. e8D Txe8 16. Sxe8 Lf8 17. Sxf6± bzw. 12. — Lxe7 13. Sxe7† Kb6 14. Sd5† nebst Sxf6 +—.) 11. — Kc6 12. Sxa8 fxe5 (Hier ist 12. — b6!? 13. Lc4 Kb7 14. Sxc7! Kxc7 15. exf6 mit unklarer Stellung zu beachten.) 13. Lc4 Ld6 14. Ld5†! Kd7 15. Lxe4 c6 16. 0-0 Ke7 17. f4!? exf4 18. Tfe1 Lc5† 19. Kh1 Kf6 20. Lf3±.

2) 6. — Le7 7. Lxf6 Lxf6 8. Dh5† g6 9. Sxg6 hxg6 10. Dxg6† Kf8 11. Lc4 d5 12. Sxd5 Le6 13. Sxf6! Lxc4 14. d5! De7 15. 0-0-0±, Papp — Vargha, Ungarn 1980.

3) 6. — Le6 7. Lc4! Lxc4 8. Sxc4 Le7 9. Lxf6 Lxf6 10. Sxe4 0-0 11. 0-0 Sc6 12. c3 Lxd4! 13. Scxd6 +=, Tiemann — Dr. Grabner, Fernpartie 1985.

7. Lc4! dxe5 8. dxe5 Dxd1† 9. Txd1 h6 10. Lxf6

siehe nächstes Diagramm

Spielbar scheint auch 10. exf6 hxg5 11. Sd5! (11. f7† Ke7 12. Sd5† Kd8! 13. Sb6† Ld6 14. Sxa8 Sc6 ∓) 11. — Sa6 12. Lxa6 0-0-0 13. Lc4 gxf6 mit annäherndem Ausgleich zu sein.

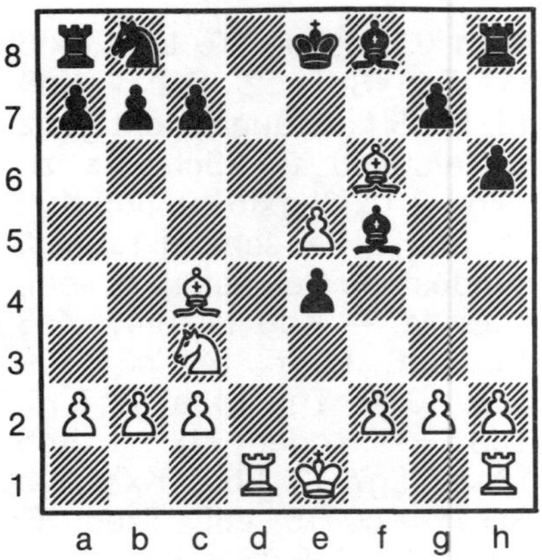

Dagegen erhält Schwarz nach 10. Le3 Sfd7 11. Sd5 Kd8! Vorteil.

10. — gxf6 11. Sd5 Th7! 12. Sxf6† Ke7 13. Sg8†

mit Dauerschach.

Weitere Untersuchungen werden zeigen, ob noch Verstärkungen für die eine oder andere Seite gefunden werden können.

B 5. Lc4

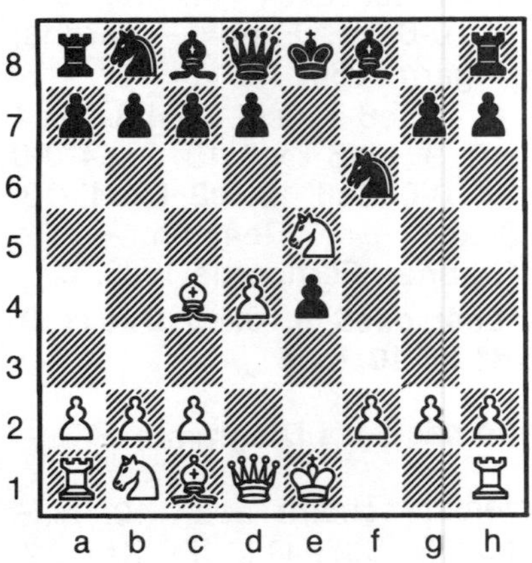

5. — d5 6. Le2! mit Übergang in Varianten zu 3. Lc4 — Kapitel 3 Zu 6. Lb3 siehe Partie Nr. 14.

C 5. Le2!

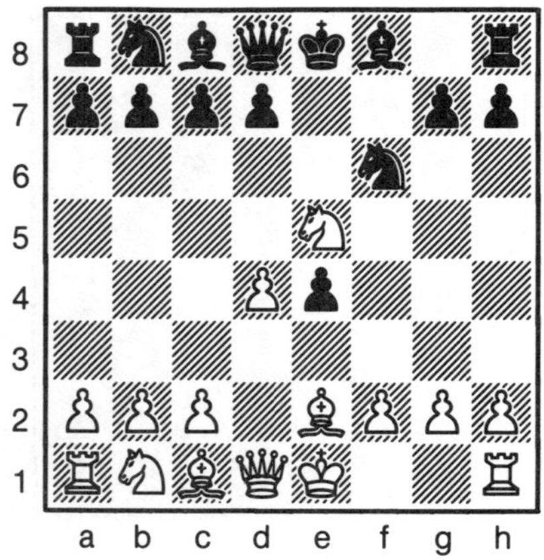

Das entspricht mehr den positionellen Prinzipien der Fortsetzung 3. d4.

5.— Le7

Auch 5. — d6 ist hier spielbar, z. B. 6. Sg4 (Schwächer ist 6. Lh5† g6 7. Sxg6 hxg6 8. Lxg6† Ke7 9. Lg5 Lh6! 10. Lxf6† Kxf6 11. Lxe4 Kg7 12. Dd3 Sc6 13. Sd2 Df6 14. 0-0-0 Sxd4 15. f4 Lg4 16. Tde1 d5 17. Lxd5 Thd8 18. Dg3 Df4 mit Vorteil für Schwarz in Alberts — Ortiz, Fernpartie 1967.) 6. — d5 (Aber nicht 6. — Sxg4? 7. Lxg4 Sd7 8. Sc3 Sf6 9. Lxc8 Dxc8 10. 0-0 mit weißem Vorteil in Romanischin — van Riemsdijk, 1979.) 7. Se5 Lf5, oder 7. Lg5 Le7 bzw. sofortiges 6. — Le7, und Weiß hat nur geringen positionellen Vorteil.

6. Lh5†

Auch sofort 6. 0-0 ist gut spielbar.

6. — g6 7. Le2!

Dagegen verliert 7. Sxg6 hxg6 8. Lxg6† Kf8 9. Lg5 d5 10. Lxf6 Lxf6 11. Lh5 Lxd4!

7. — d6 8. Sc4

nebst 0-0 und leichtem Vorteil für Weiß.

II 1. e4 e5 2. Sf3 f5 3. Sc3

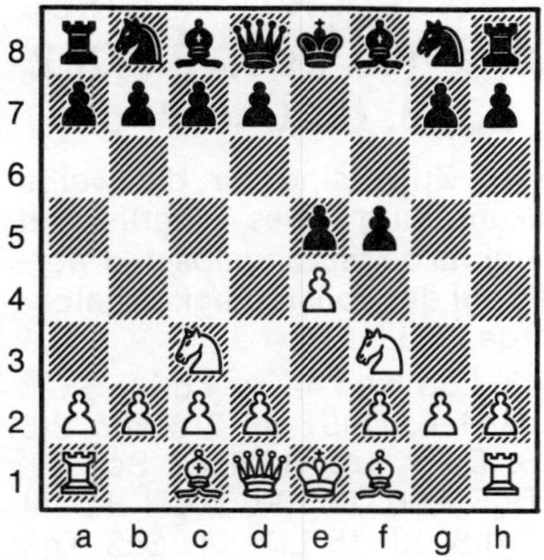

Ein nicht zu unterschätzender Zug.

3. — fxe4

Andere Möglichkeiten für den Nachziehenden sind:

1) 3. — c6 4. Sxe5 Df6 5. d4 d6 6. Sf3 h6 7. e5! +=.

2) 3. — d6 4. exf5 c5 5. Lb5† +=.

3) 3. — Sc6 4. d4! (Mit 4. Lb5 wird das Jaenisch-Gambit in der Spanischen Partie erreicht.) 4. — fxe4 (4. — d6 5. dxe5 fxe4 6. Sxe4 d5 7. Sg3 Lg4 8. Lb5 Dd7 9. h3 Lxf3 10. Dxf3 0-0-0 11. Lg5, oder 4. — exd4 5. Sxd4 Sxd4 6. Dxd4 d6 7. Lc4 +=.) 5. Sxe5 Sxe5 6. dxe5 Lb4 7. Dd4 De7 8. Dxe4 Lxc3† 9. bxc3 d6 10. f4 +=, oder 5. — Sf6 6. Lc4! De7 7. Lf4 Sd8 8. d5 g5 9. Lg3 Lg7 10. 0-0 d6 11. Sf3 0-0 12. Te1 += bzw. 6. — d5? 7. Sxd5 Sxd5 8. Dh5† g6 9. Sxg6 hxg6 10. Dxg6†±.

4) 3. — Sf6!? 4. Sxe5 d6 5. Sf3 fxe4 6. Sd4 d5 7. d3 Lc5 8. Sb3 Lb4 mit gutem Spiel für den Nachziehenden in Dr. Grabner — Tiemann, Fernpartie 1985.

4. Sxe5

Während 4. Sxe4 nur Ausgleich ergibt nach 4. — Sf6! (Aber nicht 4. — d5? 5. Sg3 e4 6. Se5 nebst 7. d4 +=.) 5. Sxf6† Dxf6 6. d4 e4 7. De2 d5 8. Se5 Ld6 9. Dh5† g6 10. Dg5 Sd7 11. Dxf6 Sxf6 12. Le2 Le6, ist 4. Lc4 durchaus beachtenswert, z. B. 4. — fxe4 5. Se5 De7 6. Sg4 c6 7. Sxf6† Dxf6 8. De2 d5 9. Lb3 Le6 10. 0-0 Ld6 11. d3 exd3 12. cxd3! +=, Niemand — Littleboy, Fernpartie 1984.

4. — Sf6!

Weniger zu empfehlen ist 4. — Df6 wegen 5. d4! (5. Sc4 würde zur Leonhardt-Variante aus dem ersten Teil des Buches führen.) 5. — exd3 (5. — d6? 6. Sd5!±, oder 5. — Lb4 6. Lc4 Se7 7. Lf7† Kd8 8. Lb3 Tf8 9. 0-0 Lxc3 10. bxc3 d6 11. f3 Le6 12. Sc4 exf3 13. Txf3 Lf5 14. Se3 Dg6 15. Tg3±.) 6. f4! (6. Sxd3 c6 7. De2† Le7 8. Se4 De6 9. Sf4 De5 10. Sd3 De6=.) 6. — Lb4 7. Lxd3 d6 8. 0-0! Lxc3 9. bxc3 dxe5 10. fxe5 Db6† 11. Kh1± (Keres). Nach dem besseren 9. — Se7 10. Sg4 Lxg4 11. Dxg4 Sbc6 nebst 0-0 hat Schwarz nur geringen Nachteil (Läufer - gegen Springerpaar).

5. Lc4

Auch 5. Sg4!? macht es dem Nachziehenden nicht leicht.

5. — De7

Mit 5. — d5? verlangt Schwarz zuviel von seiner Stellung: 6. Sxd5! Sxd5 7. Dh5† g6 8. Sxg6 hxg6 9. Dxg6† Kd7 10. Lxd5 De7 11. Dxe4

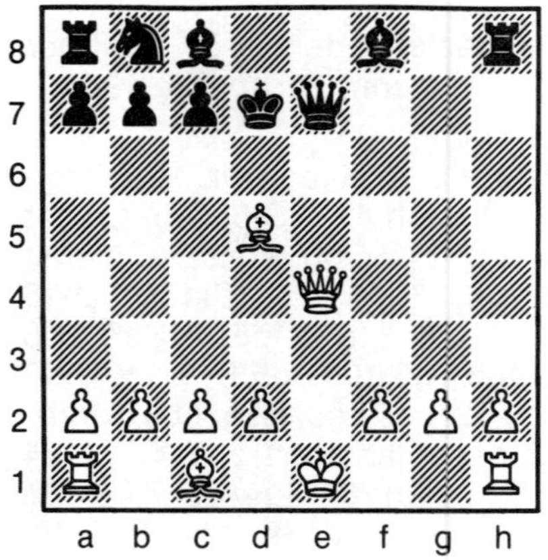

Weiß hat gegenüber der Svedenborg-Variante mit 7. Dxg6† hier klaren Vorteil.

6. Sg4 c6 7. Sxf6† gxf6

8. De2 oder 8. Dh5† Kd8 9. 0-0 d5 10. Sxd5 cxd5 11. Lxd5 f5 12. d3 h6 13. dxe4 fxe4 14. Te1 Sc6 15. Txe4, Littleboy — Harju, Fernpartie 1984, und in beiden Fällen ist der Anziehende im Vorteil. Noch stärker scheint aber 6. d4 exd3 7. 0-0! dxc2 8. Dd2 Dc5 9. Te1 Le7 10. Dg5!± zu sein.

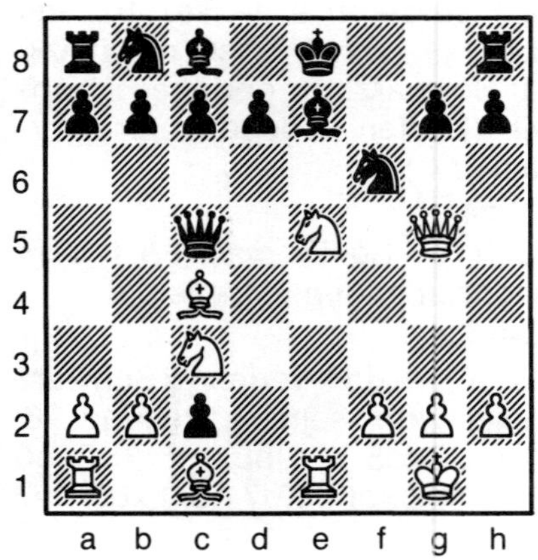

III 1. e4 e5 2. Sf3 f5 3. verschiedene weiße Züge (3. Ld3, 3. De2, 3. b3, 3. d3 und 3. c4)

Diese Züge sind für die weiße Bekämpfung des Lettischen Gambits bedeutungslos und werden nur der Vollständigkeit halber dargestellt.

1) 3. Ld3 fxe4 4. Lxe4 d5 5. Sxe5 dxe4 6. Dh5† g6 7. Sxg6 Sf6 8. De5† Le7 9. Sxh8 Sc6 10. Dg5 Le6 11. 0-0 Kd7! 12. f4 Dxh8 13. f5 Lf7 14. Sc3 Tg8 15. De3 Dg7 16. g3 Sg4 17. Dxe4 Sxh2! und gewinnt in Foldager — G. Pedersen, 1978.

2) 3. De2 fxe4 4. Dxe4 d5=.

3) 3. b3 d6 4. Sc3 Sf6 5. exf5 Lxf5 6. d4 Sc6 7. Lb2 Le7=.

4) 3. d3 d6 4. Sc3 Sf6 5. exf5 Lxf5 6. Lg5 Le7 7. Le2 0-0 8. 0-0=.

5) 3. c4 d6 4. Sc3 Sc6 5. d3 Sf6 6. h3 Le7 7. Le3 0-0 8. Le2 Kh8 9. 0-0 Le6=.

Partie 1

Tiemann — Fiorito
Fernpartie 1984

1. e4 e5 2. Sf3 f5 3. Sxe5 Df6 4. d4 d6 5. Sc4 fxe4 6. Sc3 Dg6 7. f3 exf3 8. Dxf3 Sf6

Schwarz weicht wegen der Fortsetzung in Partie Nr. 2 von dem üblichen 8. — Sc6 ab.

9. Se3 c6 10. Ld3 Dh5

10. — Df7 sieht nach 11. 0-0 Le7 12. Sf5 nicht erstrebenswert aus.

11. Dxh5

Am einfachsten, denn Weiß erhält

aufgrund seines Entwicklungsvorsprunges trotz des Damentausches Vorteil. Auf 11. Dg3 könnte 11. — Sg4 folgen, z. B. 12. h3 Le7 13. 0-0! (13. Sxg4?? Lh4!) 13. — Sh6! 14. Se4 d5 15. Sd6† Lxd6 16. Dxd6 Sf7, und Weiß steht nur geringfügig besser.

11. — Sxh5 12. 0-0 d5 13. Sf5 Lb4

Es ist nicht leicht, etwas Besseres zu finden.

14. Ld2 Lxf5

Das ist wohl unumgänglich. Weiß erhält aber zu dem Entwicklungsvorsprung auch noch das Läuferpaar.

15. Lxf5 0-0 16. Le6† Kh8 17. Sxd5!

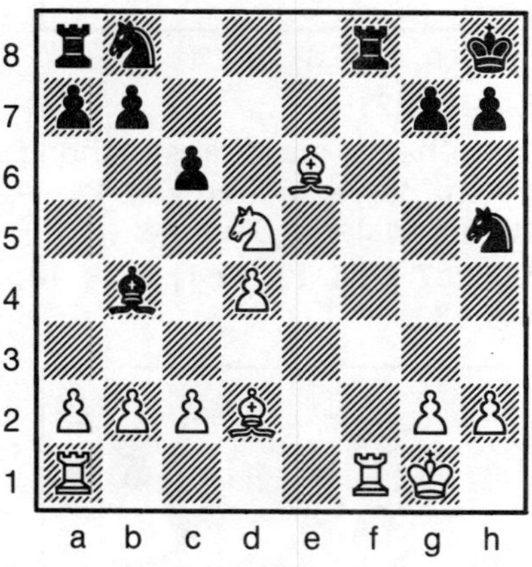

Der schwarze Läufer ist an den Tf8 gebunden.

17. — cxd5 18. Lxb4 Txf1† Sc6 20. Tf8†!

Das entstehende Endspiel mit zwei Läufern gegen zwei Springer ist vorteilhaft für Weiß.

20. — Txf8 21. Lxf8 Sf4 22. Lc8 Sxd4 23. c3 Sde2† 24. Kf1

Und Schwarz gab, wenn auch sehr frühzeitig, die Partie auf.

Partie 2

Becker — Gonschior
Fernpartie 1979

1. e4 e5 2. Sf3 f5 3. Sxe5 Df6 4. d4 d6 5. Sc4 fxe4 6. Sc3 Dg6 7. f3 exf3 8. Dxf3 Sc6 9. Ld3 Dg4 10. Df2 Dxd4 11. Le3 Df6 12. Dg3!

Scheint chancenreicher als das bisher übliche 12. De2 zu sein.

12. — Le6

Die bekannte Erwiderung auf 12. De2 verliert hier chancenlos. Das bessere 12. — Df7 wird im Theorieteil behandelt.

13. Se4 De7 14. Lg5 Dd7 15. 0-0!

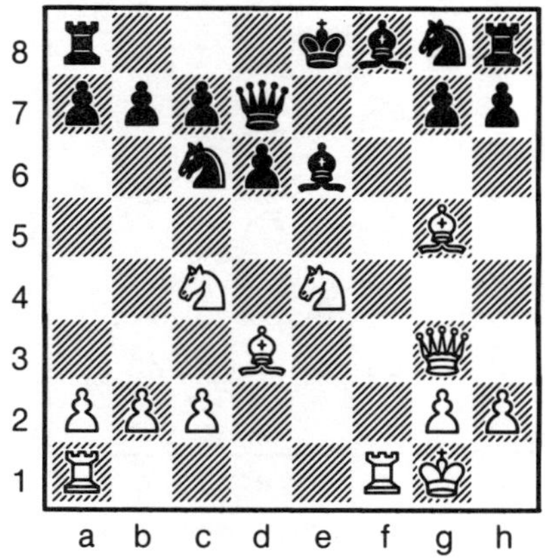

15. — h6?

Das Fragezeichen ist leicht gesetzt, doch scheinen andere Möglichkeiten auch nicht ausreichend zu sein, z. B.

1) 15. — Sh6?? 16. Lxh6 gxh6? 17. Sf6† mit Gewinn.
2) 15. — Sge7 16. Sexd6† cxd6 17. Sxd6† Kd8 18. Tad1±.
3) 15. — Le7 16. Tae1! (16. Lxe7 Dxe7!, aber nicht 16. — Sgxe7 17. Sexd6†±) 16. — 0-0-0 17. Lxe7 Sgxe7 18. Sg5!±.

4) 15. — Lxc4 16. Lxc4 Se5 17. Tae1 Sge7 18. Sc5! Dc6 19. Txe5! +—, Tiemann — Fiorito, Fernpartie 1982.

5) 15. — d5 16. Txf8†! Kxf8 17. Df2†! Lf7 18. Sc5 De8 19. Te1 +—. Dagegen hatte es Weiß in Tiemann — Grivainis, Fernpartie 1987, nach 17. Tf1† (statt 17. Df2†!) 17. — Lf7 18. Sc5 De8 19. Dxc7 Sf6 20. Lxf6 dxc4 21. Lxc4 gxf6 22. Txf6 De3† 23. Tf2 De1† 24. Tf1 Dxf1† 25. Lxf1 Te8 26. Dxb7 nicht leicht, zum Gewinn zu kommen.

16. Tae1!

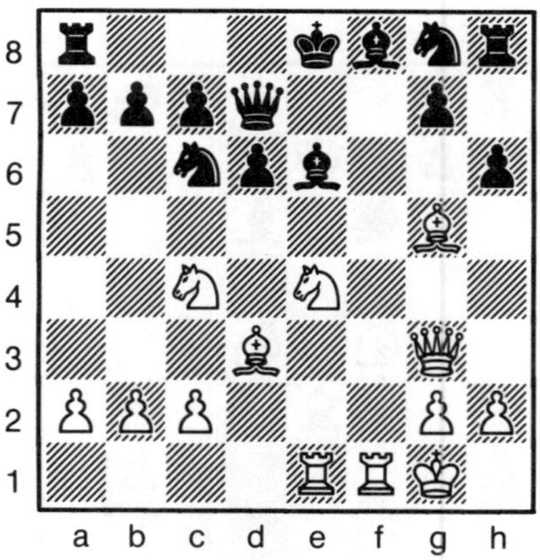

Die Einleitung zu einer schönen Opferserien, an deren Ende Schwarz mattgesetzt wird.

16. — hxg5 17. Sc5! dxc5 18. Lg6† Ke7 19. Tf7† Ke8 20. Tf6† Ke7 21. Tfxe6† Dxe6 22. Dxc7† Kf6 23. Txe6† Kxe6 24. Df7

und Matt.

Partie 3

Niemand — Fiorito

Fernpartie 1985

1. e4 e5 2. Sf3 f5 3. Sxe5 Df6 4. Sc4 fxe4 5. Sc3 Df7 6. d4 Lb4 7. Ld2 Sf6 8. Le2 0-0

Sicherer ist 8. — d6.

9. 0-0 Sc6 10. Se5!

Ein starker Zug, die Anfälligkeit des schwarzen Lb4 ist augenscheinlich.

10. — De6 11. Sb5

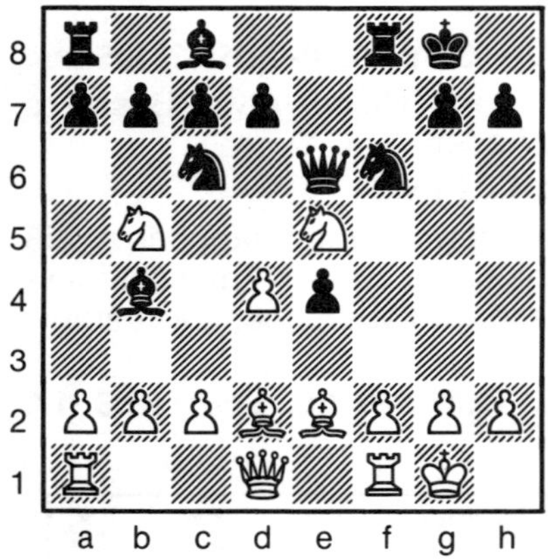

11. — Lxd2?!

Das scheint nicht ausreichend zu sein. Zu versuchen war 11. — Se8 mit unklarer Stellung.

12. Sxc7 Dd6 13. Lc4† Kh8 14. Sxa8 e3

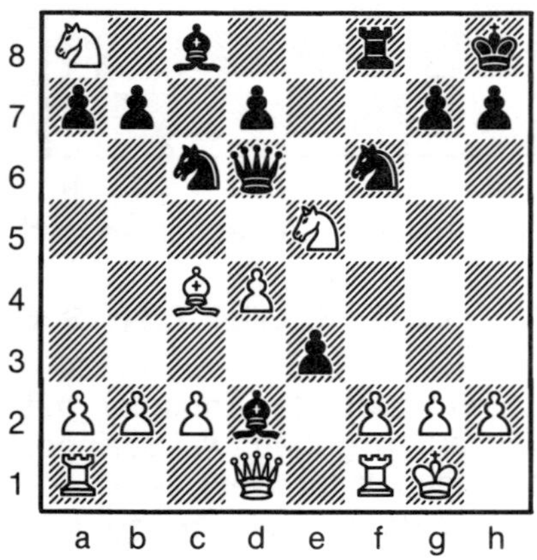

15. c3?

Besser war 15. fxe3 Lxe3† 16. Kh1 Sxe5 17. dxe5 Dxe5 18. Df3 mit gutem Spiel für Weiß.

15. — Sxe5 16. dxe5 Dxe5 17. fxe3 Lxe3† 18. Kh1 Te8

Weiß hat gegenüber der Anmerkung zu 15. fxe3 ein wichtiges Tempo verschenkt.

19. Txf6!? gxf6?!

Nach 19. — Dxf6 20. Sc7 Tf8 21. Sd5 Dg5 22. Dd3 Lc5 ist vom weißen Vorteil nicht mehr viel übrig geblieben.

20. Df3 Lg5 21. Tf1 b5 22. Ld5 Db8? 23. Dh5 Te7 24. h4 De5 25. Sc7! Dxc7 26. hxg5 f5 27. Dh6

Und Schwarz gab auf.

Partie 4

Lehmann — Tiemann
Fernpartie 1982

1. e4 e5 2. Sf3 f5 3. Sxe5 Df6 4. Sc4 fxe4 5. Sc3 Df7 6. d4 Lb4 7. Ld2 Sf6 8. Le2 d6 9. 0-0 Sc6 10. Sb5!

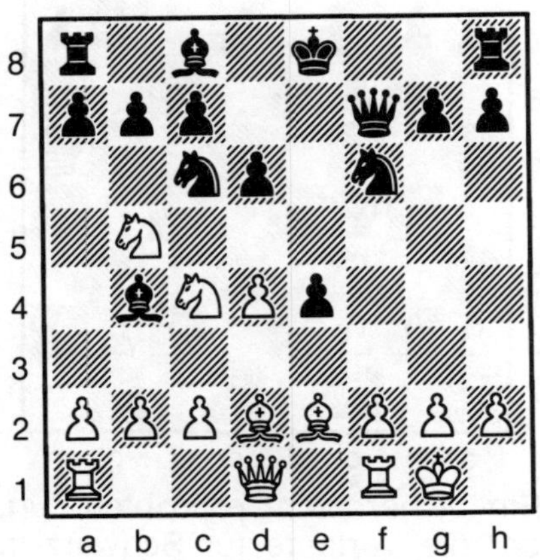

Es droht einfach Sxd6†, so daß Schwarz nicht viel Auswahl hat.

10. — 0-0! 11. c3 La5 12. Da4

Schwarz verliert jetzt zwangsläufig einen Bauern, erhält dafür aber recht gutes Gegenspiel, wie die Folge zeigen wird.

12. — a6! 13. Sbxd6! cxd6 14. Sxa5 b5! 15. Da3 Sxa5 16. Dxa5 Lb7

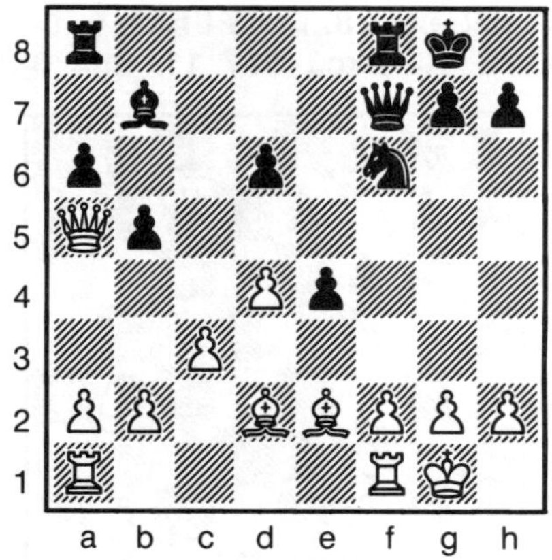

Die kritische Stellung nach 12. Da4. Der Nachziehende muß nachweisen, daß er aufgrund der Abseitsstellung der weißen Dame volle Kompensation für den Minusbauern besitzt.

17. a4

Weiß spielt sehr agressiv. Auf das passive 17. Le3 sollte 17. — Sd5 18. a4 Dg6 mit der Drohung Sf4 folgen.

17. — e3!

Nur durch die Öffnung der langen Diagonalen kann Schwarz seinen Angriff voranbringen.

18. fxe3 Dg6 19. Lf3 Se4! 20. axb5?

Weiß unterschätzt die Möglichkeiten des Nachziehenden. Auf 20. Le1 folgt 20. — Sg5, und Schwarz hat volle Kompensation für seinen Minusbauern, z. B. 21. Lg3 Sf3†!.

20. — Txf3! 21. Txf3 Sxd2 22. Tg3 Df6 23. Dc7 Tf8

Und Weiß gab auf.

Partie 5

Diepstraten — Littleboy
Fernpartie 1985

1. e4 e5 2. Sf3 f5 3. Sxe5 Df6 4. Sc4 fxe4 5. Sc3 Df7 6. Sc3 c6 7. d3! exd3 8. Lxd3 Lb4?! 9. 0-0! Lxc3 10. bxc3 Se7 11. Sg4 0-0

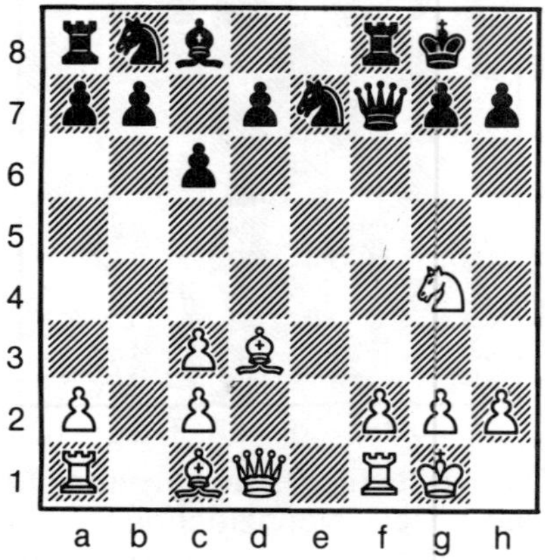

12. Lg5

Viel stärker ist 12. La3! d5 13. Te1 Te8 14. Se5! Df6 15. Lxh7† bzw. 12. — Te8 13. Ld6 Sf5 14. Se5!, und in beiden Fällen hat Weiß klaren Vorteil.

12. — d6 13. f3 Sg6 14. Tb1 Sf4

Besser ist vielleicht 14. — Sbd7.

15. Lxf4 Dxf4 16. Tb4 Df7 17. De1 Sa6 18. Dh4 h6 19. Dg3 Kh8 20. Td4 Lxg4 21. fxg4 Dxa2 22. Dxd6 Txf1† 23. Kxf1 Df7† 24. Tf4 De8 25. Tf5

siehe nächstes Diagramm

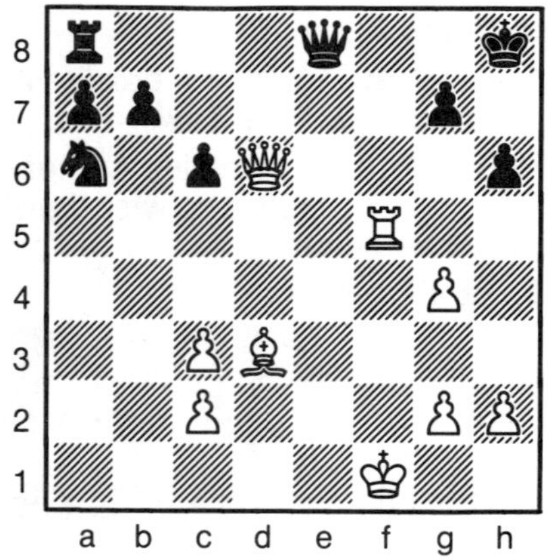

Weiß hat klaren Vorteil.

25. — Td8 26. Df4 b5 27. g5 hxg5 28. Txg5 Txd3 29. cxd3 Kg8 30. h4 Dd8 31. De4 Sc7 32. d4 Sd5 33. De6† Kf8 34. Tf5† Sf6 35. Dxc6 Da5 36. Txb5

Und Schwarz gab auf.

Partie 6

Tiemann — Mayr

1. e4 e5 2. Sf3 f5 3. Sxe5 Df6 4. Sc4 fxe4 5. Sc3 Df7 6. Se3 c6 7. d3! exd3 8. Lxd3 d5 9. 0-0 Ld6 10. Te1 Se7 11. Sc4! dxc4 12. Lxc4 Lxh2† 13. Kxh2 Dxc4 14. Dh5†!

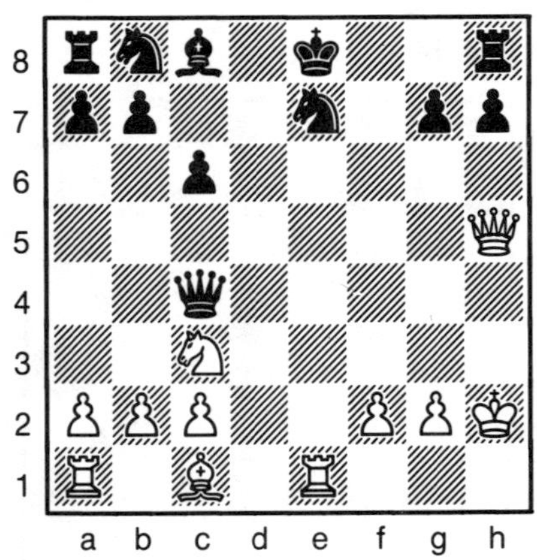

Ein bisher nicht erprobter Zug, der die Variante für Schwarz in Frage stellt. Zu dem üblichen 14. Lg5 siehe den Theorieteil.

14. — Df7

14. — g6? 15. Txe7†!

15. Dh4 0-0

Gibt die Mehrfigur zurück, aber Besseres ist kaum zu sehen.

16. Txe7 Dxf2 17. Dc4† Kh8 18. Le3 Df6

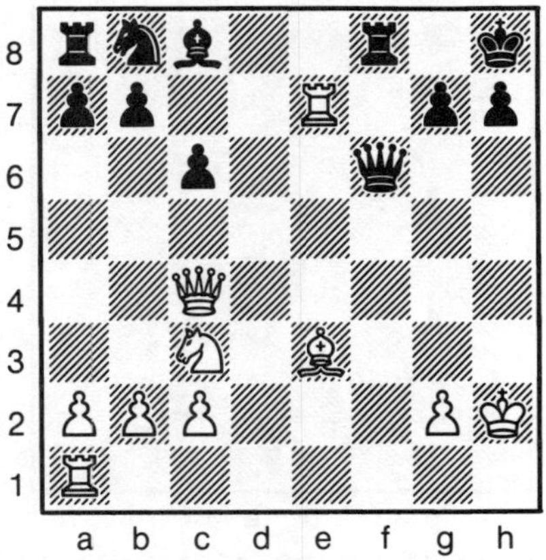

19. Txg7†! Dxg7 20. Ld4 Tf6 21. Tf1 Le6?

Nach 21. — Sbd7 22. Se4 steht Weiß ebenfalls auf Gewinn.

22. Dxe6

Und Schwarz gab auf.

Partie 7

Schumacher — Vetter
Fernpartie 1980

1. e4 e5 2. Sf3 f5 3. Sxe5 Sc6 4. Dh5† g6 5. Sxg6 Sf6 6. Dh3 hxg6 7. Dxh8 De7 8. d3

Objektiv besser ist das übliche 8. Dh4.

8. — fxe4

Wegen 8. — Sd4 siehe den Theorieteil.

9. Kd1

Gefährlich sieht 9. Lh6 aus, obwohl nach der Abwicklung 9. — exd3† 10. Kd1 dxc2† 11. Kxc2 Sb4† 12. Kd1 Sg4 13. Dxf8† Dxf8 14. Lxf8 Kxf8 15. Kc1 Sxf2 16. Tg1 d5 17. a3! Sbd3† 18. Lxd3 Sxd3† 19. Kc2 Se5 die erreichte Position unklar erscheint.

9. — Sg4 10. Le3 d5 11. Le2 Kf7 12. Dc3?

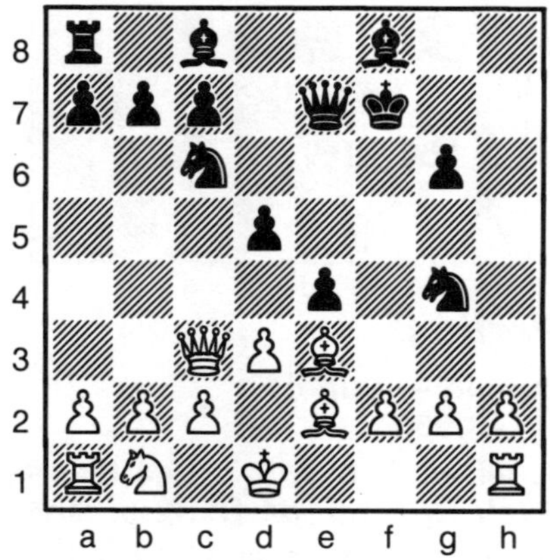

Das ist schon der Verlustzug. Unbedingt erforderlich war 12. Lxg4 Lxg4† 13. Kc1 exd3 14. Lh6 De2 15. Dh7† Kf6 16. Ld2! dxc2 17. Sc3 Dxf2 18. Sxd5†, und Weiß sollte in Vorteil kommen.

12. — d4! 13. Db3† Ke8! 14. h3 Sge5 15. Lf4 Le6 16. c4?

In dieser Stellung mußte schon 16. Dxb7 versucht werden.

16. — dxc3 17. Dxc3 Sxd3 18. Lxd3 Td8 19. Sd2 Txd3 20. Dc2 Df6 21. Le3 Lb4 22. Ke1 Sd4!

siehe nächstes Diagramm

23. Dxc7 Txe3†! 24. fxe3 Lxd2† 25. Kd1 Lxe3 26. Dg3 Sf5 27. Db8† Kf7 28. Dxb7† Kg8 29. Db4 a5! 30. Dc3 Ld4 31. Dxa5 Se3†

Und Weiß gab auf.

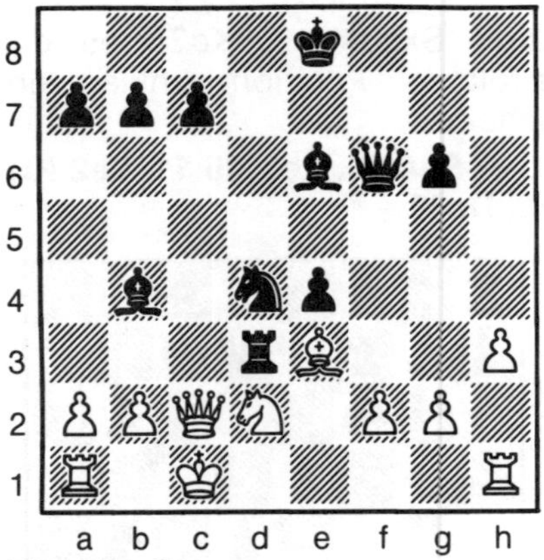

Partie 8

Lundin — Pupols

USA 1966

1. e4 e5 2. Sf3 f5 3. Lc4 fxe4 4. Sxe5 Dg5?! 5. d4 Dxg2 6. Dh5† g6 7. Lf7† Kd8 8. Lxg6 Dxh1† 9. Ke2 c6 10. Sc3 e3!? 11. Lxe3 Dxa1 12. Dg5† Kc7 13. Sf7 b5

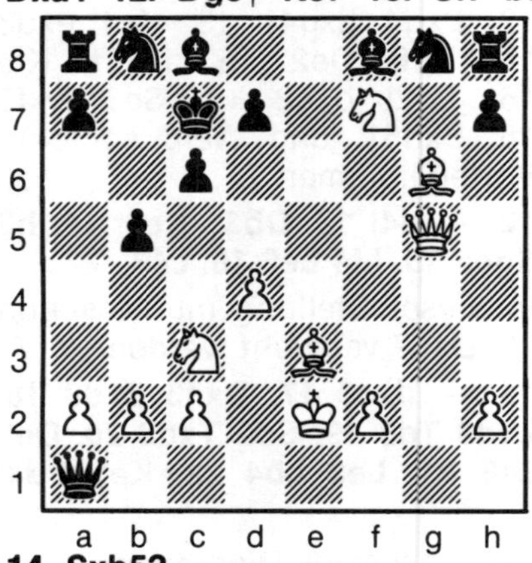

14. Sxb5?

In der Folge wird der schwarze König bis nach a2 gejagt, die Partie aber gewinnt der Nachziehende, nachdem Weiß sein Pulver verschossen hat. Vorteilhaft für Weiß ist 14. Dd8† statt des knalligen 14. Sxb5.

14. — cxb5 15. Lf4† Kb6 16. Dd8† Kb7 17. Dc7† Ka6 18. Dxc8† Ka5 19. Lc7† Ka4 20. b3† Ka3 21. Dxf8† Kxa2 22. Le4 Sf6 23. Dxh8 Sxe4 24. Lxb8 Db2 25. De5 Dxc2† 26. Kf3 d5!

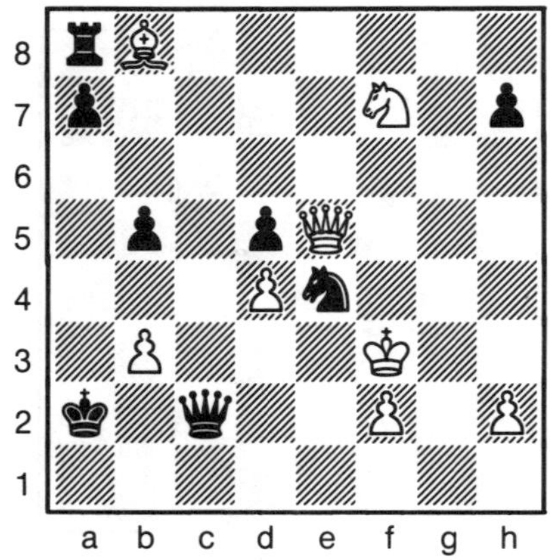

27. b4 Dxf2† 28. Kg4 Dxf7 29. h4 Dg8† 30. Kh3 Txb8 31. Dh2† Kb3

Und Weiß gab auf.

Partie 9

Maly — Robins

Fernpartie 1972

1. e4 e5 2. Sf3 f5 3. Lc4 fxe4 4. Sxe5 d5! 5. Dh5† g6 6. Sxg6 Sf6 7. De5† Le7 8. Lb5† c6 9. Sxe7 Dxe7 10. Dxe7† Kxe7 11. Le2 Tg8 12. g3

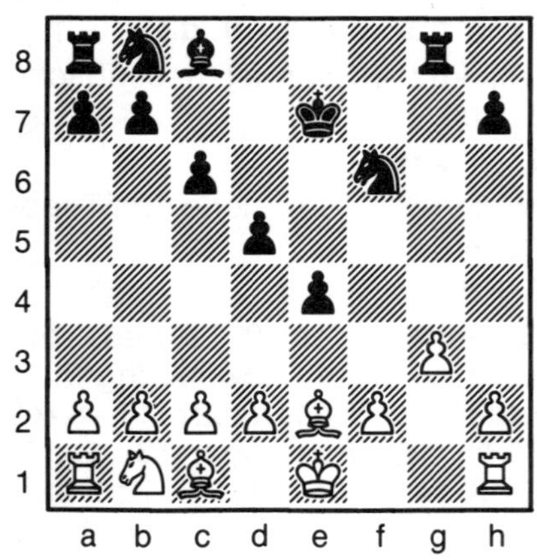

Die für diese Variante kritische Stellung, in der Weiß Vorteil hat, aber sehr sorgfältig spielen muß. Der Anziehende läßt es daran fehlen.

12. — c5! 13. d3 exd3 14. cxd3 Sc6 15. Sa3! a6 16. Ld2

Besser ist 16. Le3.

16. — Sd4 17. Lc3 Sxe2 18. Lxf6† Kxf6 19. Kxe2 b5 20. Sc2

Hartnäckiger ist sofortiges 20. Tac1.

20. — a5! 21. Tac1 Le6 22. d4 c4 23. Se3 b4 24. f4 a4 25. Tc2 Tgb8!

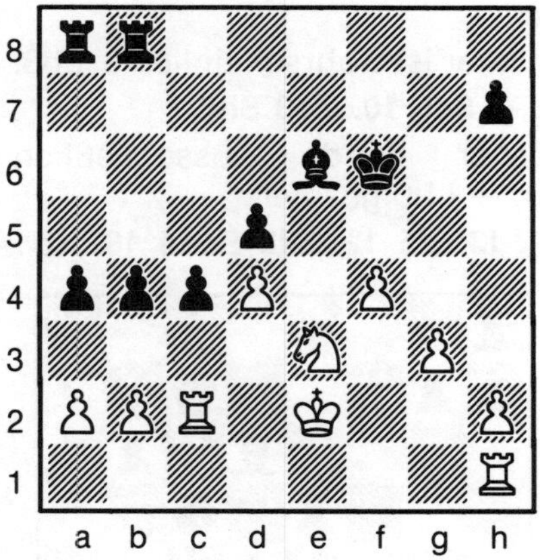

Schwarz hat sehr umsichtig gespielt und ist inzwischen in Vorteil.

26. g4 b3 27. axb3 Txb3! 28. f5 Lf7 29. Kf2 Tab8 30. Sd1 Td3 31. Sc3 Txd4 32. Tg1 Tf4† 33. Kg3 Txg4†! 34. Kxg4 Tg8† 35. Kf4 Txg1 36. Tf2 Tg5 37. Sxa4 Txf5 38. Kg3 Txf2 39. Kxf2 d4 40. Sc5 Ld5 41. Kg3 Kf5

Und Weiß gab auf.

Partie 10

Alloin — Tiemann

Fernpartie 1986

1. e4 e5 2. Sf3 f5 3. Lc4 fxe4 4. Sxe5 d5! 5. Dh5† g6 6. Sxg6 hxg6 7. Dxg6† Kd7 8. Lxd5 Sf6 9. Sc3 De7 10. b3 c6!?

Wegen der Schwierigkeiten, in der Hauptvariante nach 10. — Th6 Ausgleich zu erzielen, hier die Erprobung eines neuen Zuges.

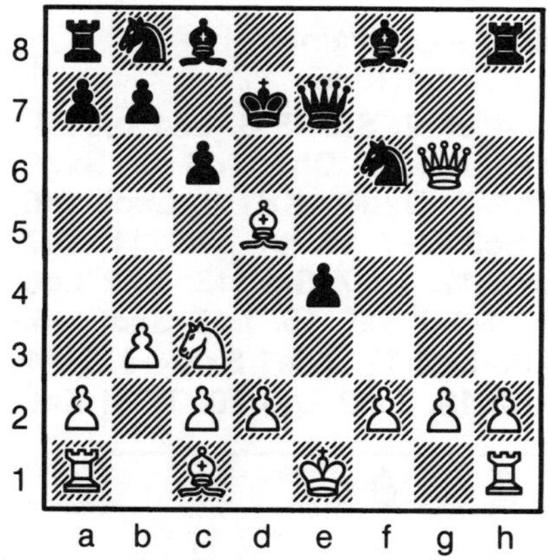

11. La3 Dg7 12. Dxg7 Lxg7 13. Lf7 Sg4 14. Lg6 e3!? 15. 0-0-0!? Sxf2 16. dxe3† Sxd1 17. Txd1† Kc7 18. Ld6† Kb6 19. Sa4† Ka5 20. b4† Kxa4 21. c4! Th6?

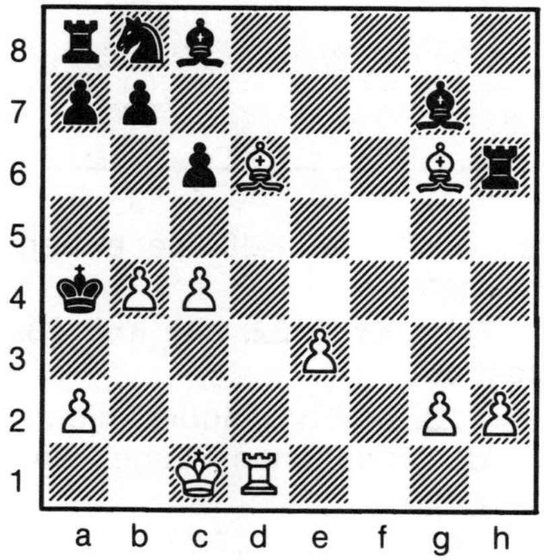

Mit 21. — Ka3! 22. Lc2 Lf5! 23. Lxf5 Td8! 24. Lc2 c5! konnte Schwarz im Vorteil bleiben. Nach 21. — Th6? wird der Nachziehende kurzzügig mattgesetzt.

22. Lc2† Ka3 23. Td3† Kxa2 24. Lb1† Ka1 25. Ta3

und Matt. Die Neuerung 10. — c6!? sollte weiter erprobt werden.

Partie 11

Alloin — Grivainis

Fernpartie 1986

1. e4 e5 2. Sf3 f5 3. Lc4 fxe4 4. Sxe5 d5! 5. Dh5† g6 6. Sxg6 hxg6 7. Dxg6† Kd7 8. Lxd5 Sf6 9. Sc3 De7 10. b3 Th6 11. Df7 Dxf7 12. Lxf7 Sc6 13. Lb2 Ld6 14. 0-0-0 Se5 15. Ld5 Sxd5 16. Sxd5 Sg4 17. Tde1 Sxf2 18. Thf1 Txh2 19. Txf2 Lg3 20. Tf7†! Ke6

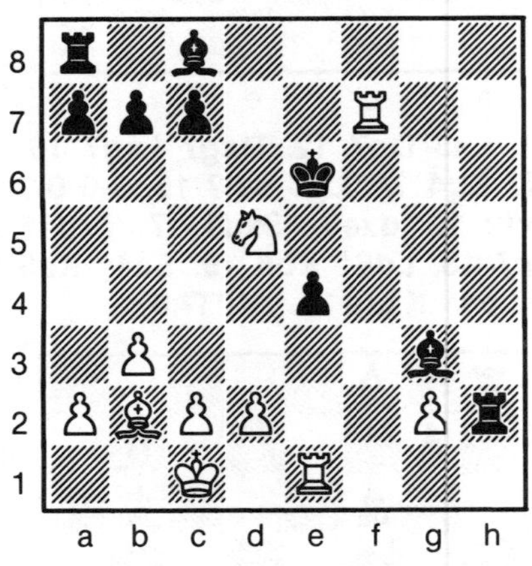

Wegen 20. — Kd6 siehe den Theorieteil.

21. Tf6†! Kxd5 22. c4† Kc5 23. Txe4! c6

Auch 23. — Th1† ändert nichts an der mißlichen Lage des Schwarzen.

24. Ld4† Kb4 25. Lc3† Ka3

25. — Kc5 26. La5! nebst b4 und Matt.

26. c5 b5 27. cxb6

Noch stärker geschah in Gräber — Leisebein, Fernpartie 1986, 27. Tf1! Th5 28. Kb1 und 1:0.

27. — axb6 28. Kc2 Th1 29. Tf8 b5 30. Tee8

Und Schwarz gab auf.

Partie 12

Blaich — Hubel

BRD 1982

1. e4 e5 2. Sf3 f5 3. Lc4 fxe4 4. Sxe5 d5! 5. Dh5† g6 6. Sxg6 hxg6 7. Dxh8 Kf7 8. Dd4 Le6 9. Le2

Stärker ist wahrscheinlich 9. Lb3.

9. — Sc6 10. De3 Sh6!?

Bisher wurde ausschließlich 10. — Lh6 gespielt.

11. f3 Sf5 12. Df2 Scd4 13. Kd1

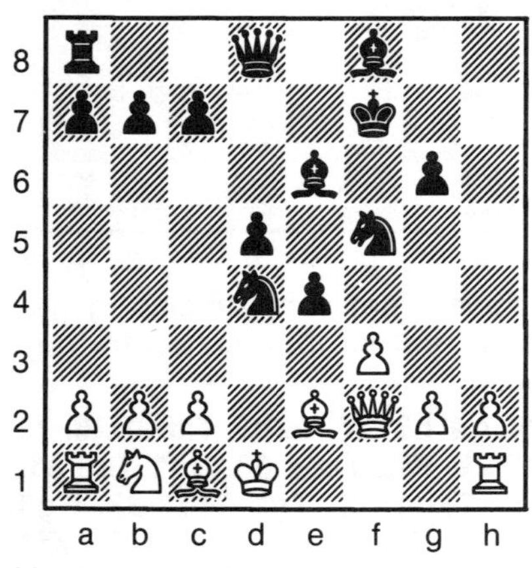

Nach 13. 0-0? verliert Weiß durch 13. — Sxe2† 14. Dxe2 Lc5† 15. Kh1 Sg3†!!

13. — exf3

Damit vergibt Schwarz einen Teil seiner guten Chancen, die er mit dem stärkeren 13. — Lc5 wahren konnte, z. B. 14. c3 Sb3 15. d4 exd3 oder 14. fxe4 dxe4 15. g4 Sb3 16. Df1 Sxa1 17. gxf5 Lxf5.

14. Lxf3 Lc5 15. c3 Sb3 16. d4 Sxd4

Chancenreicher ist 16. — Sxa1 17. dxc5 d4!

17. cxd4 Lxd4 18. Le3 Lxe3 19. Dxe3 Sxa1 20. Tf1 Lf5 21. g4 Sc2 22. De5 De7! 23. Dxe7†

Nach 23. Lxd5† Ke8 24. Dh8† Kd7 25. Dxa8 Se3† 26. Kc1 Sxf1 27. gxf5 De1† 28. Kc2 Se3† ist die Stellung unklar.

23. — Kxe7 24. Kd2 Th8 25. gxf5 Txh2† 26. Le2 Sd4 27. Sc3 gxf5 28. Sxd5† Kd6 29. Sf4 Ke5 30. Sd3† Ke4 31. Tf4† Kd5 32. Sc1 Kc5 33. Sd3† Kd5 34. Tf2 Txf2 35. Sxf2 Sxe2 36. Kxe2 c5 37. Ke3 c4 38. Sd1 a6

Besser ist sofort 38. — b5.

39. Sc3† Ke5 40. a4 f4† 41. Kf3 b6 42. Se2 b5 43. axb5 axb5 44. Sxf4 Kd4 45. Ke2 Ke4??

Nach 45. — c3 ist die Partie Remis.

46. Sg2 Kd4 47. Se3 b4 48. Sc2† Kc5 49. Ke3 Kb5 50. Kd4 b3 51. Se3

Und Schwarz gab auf.

Partie 13

Borrmann — Leisebein
Fernpartie 1986

1. e4 e5 2. Sf3 f5 3. Lc4 fxe4 4. Sxe5 d5! 5. Dh5† g6 6. Sxg6 hxg6 7. Dxh8 Kf7 8. Dd4 Le6 9. Lb3 Sc6 10. De3 Lh6 11. f4 Sge7

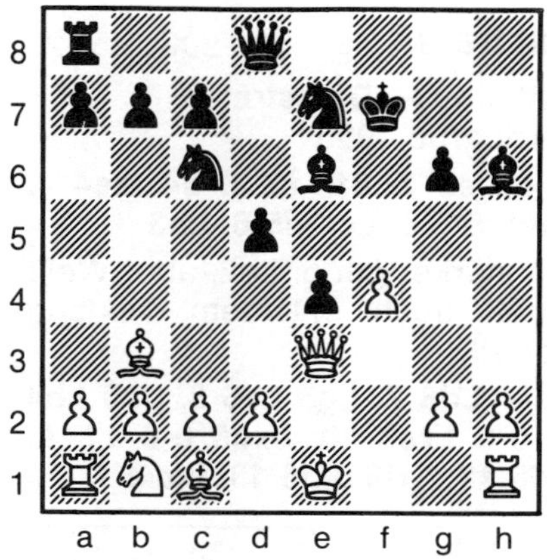

12. 0-0

12. g4? Lxg4 13. Dxe4 Kg7 14. Dg2 Dd7∓.

12. — Sf5 13. Df2 Lg7 14. c3 Sb4!

Eine unangenehme Überraschung für den Anziehenden.

15. d4 Sd3 16. De2 Dh4 17. g4 Sxc1 18. Txc1 Sh6 19. f5 gxf5 20. Tf1

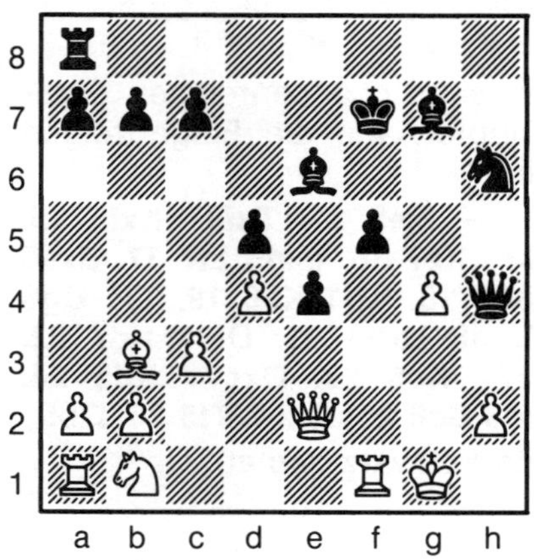

20. gxf5?? Dg5†.

20. — Sxg4 21. Lxd5! Lxd5 22. Txf5† Ke6 23. Tf4 Dxh2† 24. Dxh2 Sxh2 25. Kxh2 Th8† 26. Kg3 Th1! 27. c4! Lxc4 28. Txe4† Kd6 29. Th4 Td1 30. Sa3

und Remis.

Partie 14

Littleboy — Diepstraten
Fernpartie 1985

1. e4 e5 2. Sf3 f5 3. d4 fxe4 4. Sxe5 Sf6 5. Lc4 d5 6. Lb3

Als stärker gilt 6. Le2, aber Weiß erhält auch mit dem Textzug Vorteil.

6. — Ld6 7. Lg5 Le6 8. Sc3 Lb4 9. 0-0 Lxc3 10. bxc3 0-0 11. f3 Dd6 12. Lxf6 gxf6 13. fxe4!

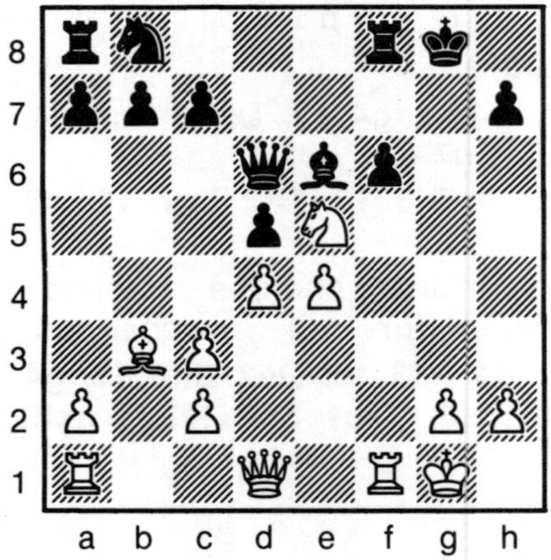

Ein sehr chancenreiches Figurenopfer, wie die Folge zeigen wird.

13. — fxe5 14. Txf8† Kxf8 15. Df3† Ke7 16. exd5 Lf7 17. dxe5 Db6† 18. Kh1 Ke8 19. Tf1 Dg6 20. d6 Lxb3 21. Df8† Kd7 22. De7† Kc6 23. Dxc7† Kd5 24. cxb3 Sc6 25. Dxb7 Tf8 26. Db5†

Und Schwarz gab auf.

Unsere „bunte Gambit-Serie“

Steinkohl/Heemsoth, Albins Gegengambit

ISBN 3-7919-0241-5 19,80

Eine alte Eröffnung, die nach 1. d4 d5 2. c4 e5 entsteht, wird in diesem Buch sehr gründlich anhand von 25 ausführlich kommentierten Partien und vielen Partiefragmenten behandelt. Albins Gegengambit ist die ideale Eröffnung für Angriffsspieler, die auch als Nachziehende dem Gegner ihr Spiel aufzwingen wollen. Die Autoren stellen viele für dieses Gambit typische Kombinationen vor — wer dieses Buch intensiv durcharbeitet, ist daher für diese Eröffnung bestens gerüstet! 96 S., kart., 2. Aufl. 1988.

Gunderam, Blackmar-Diemer-Gambit

ISBN 3-7919-0258-X DM 19,80

Der in Husum lebende Autor Gerhard Gunderam verdient es, zu den bedeutenden Schachforschern gezählt zu werden. Er befaßt sich seit vielen Jahrzehnten mit verschiedenen Eröffnungssystemen. Das Blackmar-Diemer-Gambit 1. d4 d5 2. e4 ist seine Lieblingseröffnung. In diesem Buch untersucht er die Variante 2. — dxe4 3. Sc3 Sf6 4. f3 exf3 5. Dxf3 und 5. Sxf3, wobei er besonders intensiv die Antwort 5. — c6 behandelt. 103 S., kart., 1986

Borik, Budapester Gambit

ISBN 3-7919-0211-0 DM 19,80

Das Budapester Gambit ist die ideale Kampferöffnung für einen Spieler, der auch mit Schwarz aktiv werden will. Nach 1. d4 Sf6 2. c4 e5 entstehen hochinteressante Partien, wobei der Weiße leicht stolpern kann, wenn er sich nicht auskennt.

IM Otto Borik ist Chefredakteur der Schachzeitung „Schach Magazin 64“ und spielte über 60mal für die deutsche Nationalmannschaft, hat aber seine Schachkarriere praktisch zu Gunsten der Publizistik aufgegeben. 112 S., kart., 2. erweiterte Aufl. 1988.

Bücker, Englund-Gambit

ISBN 3-7919-0301-2 DM 22,80

Das einst vom Schweden F. Englund eingeführte Gambit ist umstritten. Allerdings kann man seinen Gegner mit 1. d4 e5?! gewöhnlich sehr überraschen. Dieser sieht sich für ihn ungewohnten Stellungsbildern ausgesetzt, was Zeit Nerven und vielleicht sogar die Partie kostet.

Stefan Bücker ist bekannt für außergewöhnliche Eröffnungen und legt mit diesem Werk eine sehr detaillierte Untersuchung dieser Eröffnung vor. 144 S., kart., 1988

Firnhaber, Angenommenes Nordisches Gambit

ISBN 3-79-19- DM 22,80

Das Gambit ist sicherlich für das Profischach nicht ratsam, für alle übrigen Schachfreunde, und das sind nahezu 90% der Schachfamilie, aber ganz bestimmt ein interessantes Experimentierfeld. Dem Mutigen gehört die Welt, und so wird mancher Liebhaber der Schachromantik seine Freude an diesem Gambit haben.